海上絲綢之路基本文獻叢書

# 薄海番域録（上）

〔清〕邵大緯 述

文物出版社

圖書在版編目（CIP）數據

薄海番域録．上 /（清）邵大緯述．-- 北京 ：文物出版社，2022.6
（海上絲綢之路基本文獻叢書）
ISBN 978-7-5010-7536-2

Ⅰ．①薄… Ⅱ．①邵… Ⅲ．①歷史地理－世界 Ⅳ．①K916

中國版本圖書館 CIP 數據核字（2022）第 067219 號

**海上絲綢之路基本文獻叢書**

薄海番域録（上）

著　　者：〔清〕邵大緯
策　　划：盛世博閲（北京）文化有限責任公司

封面設計：鞏榮彪
責任編輯：劉永海
責任印製：張道奇

出版發行：文物出版社
社　　址：北京市東城區東直門内北小街 2 號樓
郵　　編：100007
網　　址：http://www.wenwu.com
郵　　箱：web@wenwu.com
經　　銷：新華書店
印　　刷：北京旺都印務有限公司
開　　本：787mm×1092mm　1/16
印　　張：15.25
版　　次：2022 年 6 月第 1 版
印　　次：2022 年 6 月第 1 次印刷
書　　號：ISBN 978-7-5010-7536-2
定　　價：98.00 圓

# 總緒

海上絲綢之路，一般意義上是指從秦漢至鴉片戰爭前中國與世界進行政治、經濟、文化交流的海上通道，主要分爲經由黄海、東海的海路最終抵達日本列島及朝鮮半島的東海航綫和以徐聞、合浦、廣州、泉州爲起點通往東南亞及印度洋地區的南海航綫。

在中國古代文獻中，最早、最詳細記載『海上絲綢之路』航綫的是東漢班固的《漢書·地理志》，詳細記載了西漢黄門譯長率領應募者入海『齎黄金雜繒而往』之事，書中所出現的地理記載與東南亞地區相關，并與實際的地理狀况基本相符。

東漢後，中國進入魏晋南北朝長達三百多年的分裂割據時期，絲路上的交往也走向低谷。這一時期的絲路交往，以法顯的西行最爲著名。法顯作爲從陸路西行到印度，再由海路回國的第一人，根據親身經歷所寫的《佛國記》（又稱《法顯傳》）一書，詳細介紹了古代中亞和印度、巴基斯坦、斯里蘭卡等地的歷史及風土人情，是瞭解和研究海陸絲綢之路的珍貴歷史資料。

隨着隋唐的統一，中國經濟重心的南移，中國與西方交通以海路爲主，海上絲綢之路進入大發展時期。廣州成爲唐朝最大的海外貿易中心，朝廷設立市舶司，專門管理海外貿易。唐代著名的地理學家賈耽（七三〇～八〇五年）的《皇華四達記》記載了從廣州通往阿拉伯地區的海上交通『廣州通夷道』，詳述了從廣州港出發，經越南、馬來半島、蘇門答臘半島至印度、錫蘭，直至波斯灣沿岸各國的航綫及沿途地區的方位、名稱、島礁、山川、民俗等。譯經大師義净西行求法，將沿途見聞寫成著作《大唐西域求法高僧傳》，詳細記載了海上絲綢之路的發展變化，是我們瞭解絲綢之路不可多得的第一手資料。

宋代的造船技術和航海技術顯著提高，指南針廣泛應用於航海，中國商船的遠航能力大大提升。北宋徐兢的《宣和奉使高麗圖經》詳細記述了船舶製造、海洋地理和往來航綫，是研究宋代海外交通史、中朝友好關係史、中朝經濟文化交流史的重要文獻。南宋趙汝適《諸蕃志》記載，南海有五十三個國家和地區與南宋通商貿易，形成了通往日本、高麗、東南亞、印度、波斯、阿拉伯等地的『海上絲綢之路』。宋代爲了加强商貿往來，於北宋神宗元豐三年（一〇八〇年）頒佈了中國歷史上第一部海洋貿易管理條例《廣州市舶條法》，并稱爲宋代貿易管理的制度範本。

元朝在經濟上採用重商主義政策，鼓勵海外貿易，中國與歐洲的聯繫與交往非常頻繁，其中馬可·波羅、伊本·白圖泰等歐洲旅行家來到中國，留下了大量的旅行記，記録元代海上絲綢之路的盛况。元代的汪大淵兩次出海，撰寫出《島夷志略》一書，記録了二百多個國名和地名，其中不少首次見於中國著録，涉及的地理範圍東至菲律賓群島，西至非洲。這些都反映了元朝時中西經濟文化交流的豐富内容。

明、清政府先後多次實施海禁政策，海上絲綢之路的貿易逐漸衰落。但是從明永樂三年至明宣德八年的二十八年裏，鄭和率船隊七下西洋，先後到達的國家多達三十多個，在進行經貿交流的同時，也極大地促進了中外文化的交流，這些都詳見於《西洋蕃國志》《星槎勝覽》《瀛涯勝覽》等典籍中。

關於海上絲綢之路的文獻記述，除上述官員、學者、求法或傳教高僧以及旅行者的著作外，自《漢書》之後，歷代正史大都列有《地理志》《四夷傳》《西域傳》《外國傳》《蠻夷傳》《屬國傳》等篇章，加上唐宋以來衆多的典制類文獻、地方史志文獻，集中反映了歷代王朝對於周邊部族、政權以及西方世界的認識，都是關於海上絲綢之路的原始史料性文獻。

海上絲綢之路概念的形成，經歷了一個演變的過程。十九世紀七十年代德國地理學家費迪南・馮・李希霍芬（Ferdinad Von Richthofen，一八三三～一九〇五），在其《中國：親身旅行和研究成果》第三卷中首次把輸出中國絲綢的東西陸路稱爲『絲綢之路』。有『歐洲漢學泰斗』之稱的法國漢學家沙畹（Édouard Chavannes，一八六五～一九一八），在其一九〇三年著作的《西突厥史料》中提出『絲路有海陸兩道』，蘊涵了海上絲綢之路最初提法。迄今發現最早正式提出『海上絲綢之路』一詞的是日本考古學家三杉隆敏，他在一九六七年出版《中國瓷器之旅：探索海上的絲綢之路》中首次使用『海上絲綢之路』一詞；一九七九年三杉隆敏又出版了《海上絲綢之路》一書，其立意和出發點局限在東西方之間的陶瓷貿易與交流史。

二十世紀八十年代以來，在海外交通史研究中，『海上絲綢之路』一詞逐漸成爲中外學術界廣泛接受的概念。根據姚楠等人研究，饒宗頤先生是華人中最早提出『海上絲綢之路』的人，他的《海道之絲路與昆侖舶》正式提出『海上絲路』的稱謂。選堂先生評價海上絲綢之路是外交、貿易和文化交流作用的通道。此後，大陸學者馮蔚然在一九七八年編寫的《航運史話》中，使用『海上絲綢之路』一詞，這是迄今學界查到的中國大陸最早使用『海上絲綢之路』的人，更多地限於航海活動領域的考察。一九八〇年北京大學陳炎教授提出『海上絲綢之路』研究，并於一九八一年發表《略論海上絲綢之路》一文。他對海上絲綢之路的理解超越以往，且帶有濃厚的愛國主義思想。陳炎教授之後，從事研究海上絲綢之路的學者越來越多，尤其沿海港口城市向聯合國申請海上絲綢之路非物質文化遺産活動，將海上絲綢之路研究推向新高潮。另外，國家把建設『絲綢之路經濟帶』和『二十一世紀海上絲綢之路』作爲對外發展方針，將這一學術課題提升爲國家願景的高度，使海上絲綢之路形成超越學術進入政經層面的熱潮。

與海上絲綢之路學的萬千氣象相對應，海上絲綢之路文獻的整理工作仍顯滯後，遠遠跟不上突飛猛進的研究進展。二〇一八年厦門大學、中山大學等單位聯合發起『海上絲綢之路文獻集成』專案，尚在醞釀當中。我們不揣淺陋，深入調查，廣泛搜集，將有關海上絲綢之路的原始史料文獻和研究文獻，分爲風俗物産、雜史筆記、海防海事、典章檔案等六個類別，彙編成《海上絲綢之路歷史文化叢書》，於二〇二〇年影印出版。此輯面市以來，深受各大圖書館及相關研究者好評。爲讓更多的讀者親近古籍文獻，我們遴選出前編中的菁華，彙編成《海上絲綢之路基本文獻叢書》，以單行本影印出版，以饗讀者，以期爲讀者展現出一幅幅中外經濟文化交流的精美畫卷，爲海上絲綢之路的研究提供歷史借鑒，爲『二十一世紀海上絲綢之路』倡議構想的實踐做好歷史的詮釋和注脚，從而達到『以史爲鑒』『古爲今用』的目的。

# 凡例

一、本編注重史料的珍稀性，從《海上絲綢之路歷史文化叢書》中遴選出菁華，擬出版百册單行本。

二、本編所選之文獻，其編纂的年代下限至一九四九年。

三、本編排序無嚴格定式，所選之文獻篇幅以二百餘頁爲宜，以便讀者閱讀使用。

四、本編所選文獻，每種前皆注明版本、著者。

五、本編文獻皆爲影印，原始文本掃描之後經過修復處理，仍存原式，少數文獻由於原始底本欠佳，略有模糊之處，不影響閱讀使用。

六、本編原始底本非一時一地之出版物，原書裝幀、開本多有不同，本書彙編之後，統一爲十六開右翻本。

# 目録

# 薄海番域録（上）

# 薄海番域録（上）

序至卷四

〔清〕邵大緯 述

清京都書業堂刻本

渤海邵星巖著

# 薄海番域錄

京都書業堂藏板

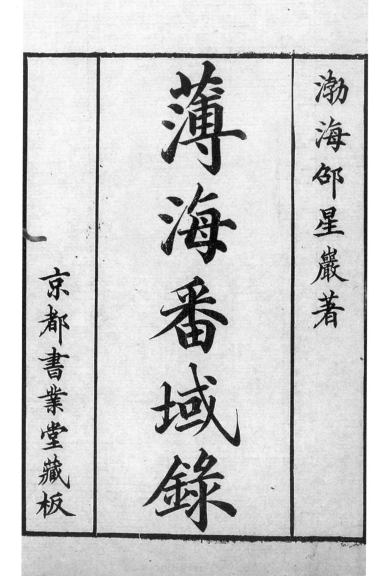

四大部洲之說近乎誕已據周禮疏神農以上有大九州竊亦疑之今而知非盡妄也其言黃帝德不及遠惟於神州之內分為九州騶衍所謂赤縣神州者是堯仍之舜分十二禹復為九而其時川滇猶未闢也秦蜀通五尺道漢武始開西南夷置益州部我
朝德威遠播平定伊犂囘部大小金川拓西北二萬餘里而額爾呼納河與俄羅斯打定邊界東北數千里從未入中國之地咸歸版圖惟地缺東南所限者汪洋一海耳然而東南洋南洋西南洋大西洋小西洋凡番舶衣冠詭譎形

狀怪異之人奇珍異寶之物莫不揚帆濠鏡貿易香山豈非九州之外又有九州乎夫天地之大寧有窮極異域之與中國山川猶是也人物猶是也各君其國各子其民亦猶是也乃或有其地而不能守或徵其朝而終不至至聽其自爲聲教以玉斧畫圖曰外此吾不有也豈統一中外之規與今

聖天子富有四海命式九圍凡雲貴粤西土官土司屬在內地者旣已改土歸流而蒙古四十九旗之屏藩喀爾喀西套西海西藏衍苗八排打箭鑪之開闢以及漢西域三十六

國及唐同紇之地前代祇通貢使今亦設官授職至於鞮
譯之使麇至外廷海陸之琛輻輳內府以視夫逖驃騎以
驅沙磧駕樓船以涉波濤者固不侔矣而舞兩階而有苗
格坐明堂而越裳至亦第綏之來之而未嘗統有其地也
盛哉乎斯世
德化之遠及何如耶詩曰普天之下莫非王土率土之濱莫非
王臣今重臣之駐守非等於都護之府也廳縣之分建不
同於羈縻之州也載輿地於職方按圖經於王會乃知自
古幅幀之廣誠未有過於我

朝者也故即薄海內外而分紀之以誌大一統之盛云

渤海首邑星巖氏自識於沱江官署

例言

一是書傳誌名番地輿辨其方域詳其道路今昔較然至於事蹟不能悉錄或畧述其山川風土人情以備考

一是書採自史記大清一統志太平寰宇記西域記明統志地理今獮異域瑣談滇南新語以及外國傳輿地圖諸書凡十餘種不著書目者原參互而成間或附以己見較之原書多不符合故不注系出某書

一是書州縣郡名古今不同謹遵

大清一統志疏明

一是書古蕃蠻部新疆今內地也邊徼亦內屬絕域又因邊徼以見焉至重譯雖會同四譯館不能悉載其名以地理考之或名號改易或大小并吞除海國難稽外西藏以東北凡陸路可通者大半皆屬今之內地故補遺備載古國以備參攷

一是書重譯本尤西堂先生外國傳亦或參以他書新疆邊徼則本七椿園先生新疆紀實徵信錄特爲詳

其驛路之遠近至絶域道里未詳不敢妄臆故直錄瑣談全文補遺亦多仍寰宇之舊

一是書原名名勝紀里予嘗輯古今氏族紀里古今名勝紀里二書氏族自帝系聖門經史子集藝林名臣將畧忠節孝義諸凡權奸僭竊羣醜阿酋而綴以雜錄凡五十四卷名勝則山水州郡國都城垣地邑原野宅里宮室樓臺亭坊園橋關鎮古蕃蠻部新疆邊徼重譯絶域以及陵墓廟祠而綴以雜記凡五十六卷兹特摘錄數卷俾覽者識我

朝幅幀之廣

德化之隆故不繫名勝而易以今名

一是書自辛巳採辦例木在朗江署中有見輒錄及乘筏北上無從問字魯魚固多闕漏亦所不免苟博覽君子據所見以正其訛補其闕有厚望焉

薄海番域錄總目

卷一　古蕃一

昆戎　羌戎
義渠戎　陸渾戎
皐落戎　朐衍戎
千畝戎　玁狁
鮮虞　赤狄
赤狄甲氏　叟狄
白翟　越裳氏
交趾　南粤
北單于　南單于

烏桓　鮮卑
托跋　大月氏
小月氏　白馬
冉駹　烏孫
挹婁　夫餘
高句驪　沃沮
三韓　林胡
邛都　夜郎
車師　柳陳

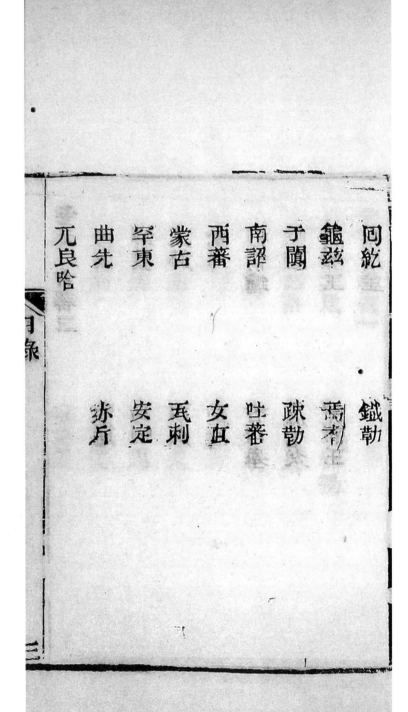

卷三　古蕃三

## 卷四　蠻部一

渤海大氏　室韋靺鞨

延陀部落　畧陽氐

鳳州氐　文州氐

月氏　西羌

五部羌　河曲羌

宕昌羌　鄜州羌

爰劍羌　隴西羌

疊州羌　葱婼羌

黨項羌　鄧至羌

湟中羌　白水羌

臨塗羌　霸州羌

白狗羌　栗亭羌

五溪蠻　沔中蠻

板楯蠻　黔州蠻

西陽蠻　西溪蠻

牂柯蠻　夷州蠻

濮落蠻　烏麼蠻

烏白蠻
僰刺蠻
羅落蠻
麽些蠻
牛睒蠻
南平蠻
東謝蠻
西趙蠻
梅山蠻
環州蠻
松外諸蠻
巫蠻
和夷
濮夷
文夷
閩夷
狒夷
孤夷

謀統部　落蘭部
嵩明部　河納部
落溫部　普麼部
普里部　磨彌部
師宗部　彌勒部
烏撒部　烏蠻羅部
盧鹿蠻部　番部
狸獠　越嶲獠
綏山獠　邛州獠

普州獠
費州獠
瀘州獠
巴州獠
鄰山獠
昌州獠
思州獠
賓化獠
戎州獠
榮州獠
彭骨獠
渝州獠
忠州獠
雅州獠
欽州俚
斐莫酋
羅婺酋
無陽烏滸

三梁烏滸　黒僰濮
龍山洞　五谿聚
六里苗　三虎
盤瓠　廩君
古賨　哀牢
西爨　尾濮
莋都　邛筰
文狼　泉郎
儋耳　生黎

麼些　古宗
那馬　巴苴
栗粟　怒子
猓玀　獠子
狸人　獛人
猺人　賨人
族人　臺人
狆人　犲人
高粱人　开種人

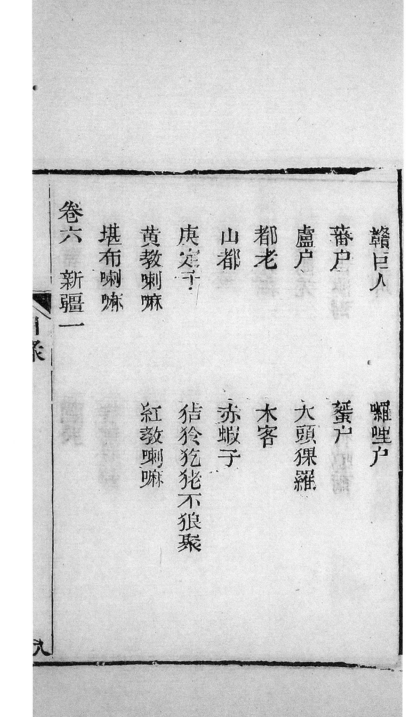

哈密　闢展

吐魯番　喀喇沙爾

庫爾勒　布古爾

庫車　沙雅爾

賽哩木　拜城

阿克蘇　烏什

葉爾羌　和闐

英吉沙爾　喀什噶爾

巴里坤　古城

卷七　邊徼一

蘇祿
猫里務
吉里地悶
荷蘭
重迦羅
蘇門答剌
黎伐
百花
龍牙門

婆羅
古麻剌
蘇吉丹
爪哇
丁機宜
那孤兒
三佛齊
滿剌加
龍牙菩提

卷九 重譯一

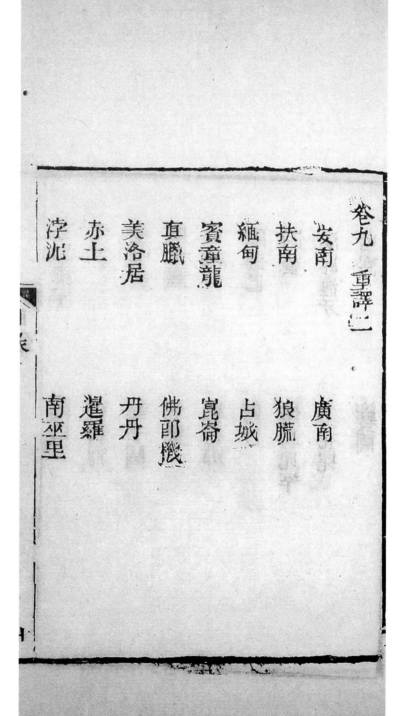

亦思把罕　淡巴
天竺　榜葛剌
金剛座　師子國
東女國　焦僥
古刺　黙得那
歐邏巴　判汗
罽賓　撒馬兒罕
沙鹿海牙　卜花兒
哈烈　賽蘭

卷十　絶域一

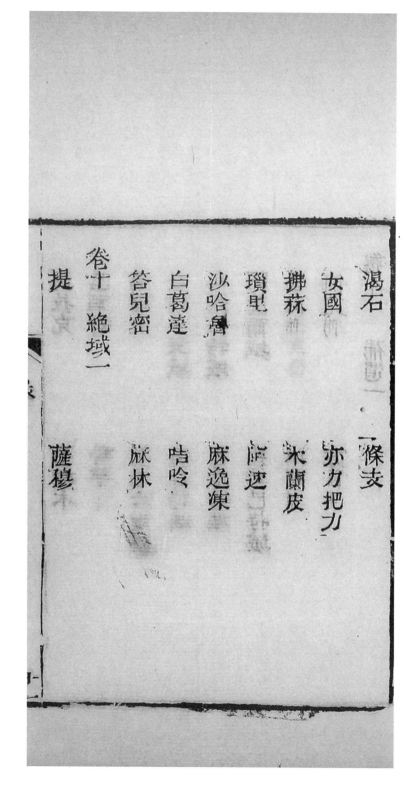

濊貊　蝦夷
扶桑　文身
大漢上東徼　狼牙修
黃支　盤盤
哥羅　婆利
殊奈　婆登
羅刹　頓遜
毗騫　干陀利
社薄　無論

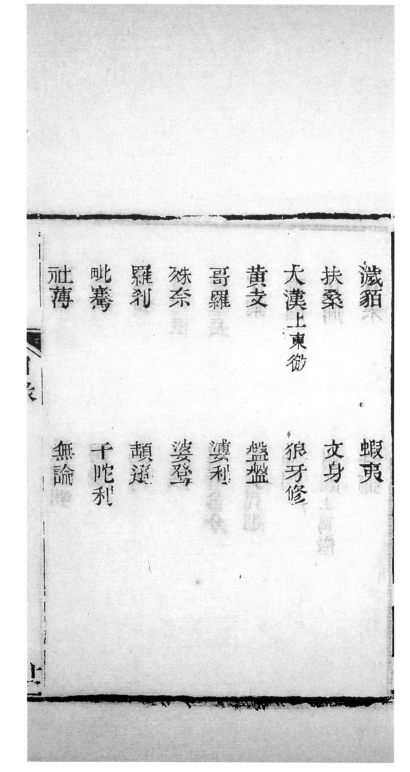

邉斗　敦樊洲
火山　訶陵
投和　烏篤
褥陀洹　多蔑
多摩長　哥羅舍分
甘棠　金利毘逝
驃國　禪國
昆彌　附國上南徼
且末　扜彌

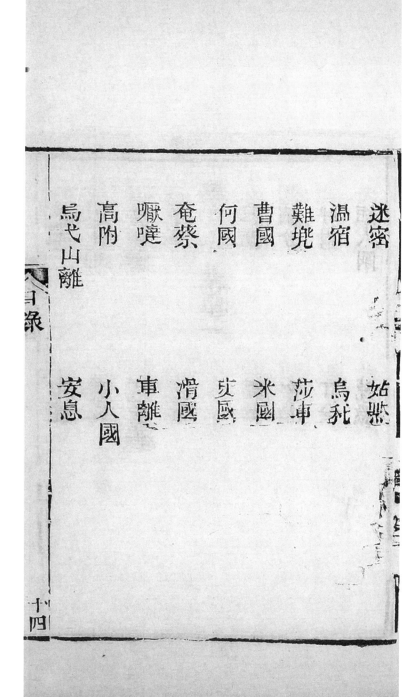

伏盧尼　朱俱波
渴槃陁　渠弋
阿鈎羌　副貨
疊伏羅　賒彌
石國　吐火羅
俱蘭　刼國
陁羅伊羅　越底延
大食　乙弗敵
上西徼
軻比能　宇文莫槐

徒河段　慕容氏
高車　稽胡
薛延陀　歌邏祿
僕骨　同羅
都波　拔野古
多濫葛　斛薛
阿跌　契苾羽
鞠國　榆枍
大漠　白霫

庫莫奚　地豆于
烏落侯　驅度寐
霫　拔悉彌
流鬼　黠戛斯
骨利幹　駮馬
鬼國上北徼

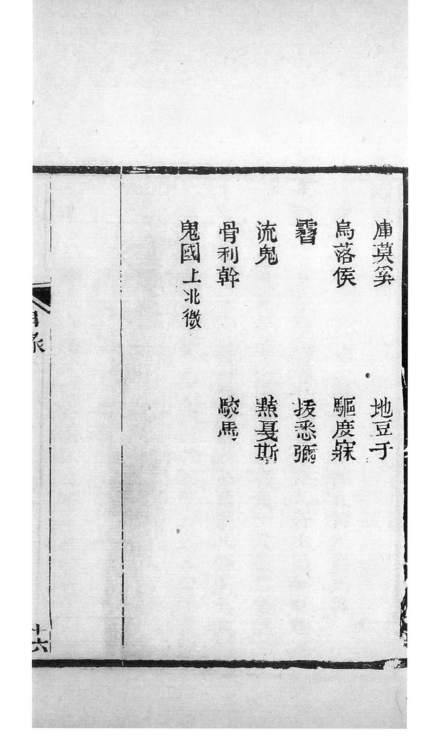

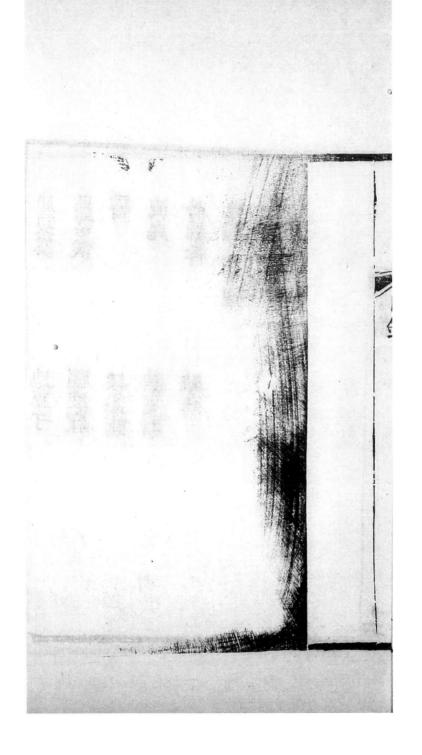

# 薄海番域錄

古蕃一　　山左武定邵大緯星巖氏述

九夷　東方曰夷夷者觝也東方人好生萬物觝觸地而出以其居東故曰東夷種有九一元菟二樂浪三高麗四蒲飭五鳥夷六索家七東屠八倭人九天鄙

八蠻　南方曰蠻蠻者慢也君臣同川而浴極爲簡慢故曰蠻類有八一天竺二咳首三僬僥四跛踵五穿胸六儋耳七狗軹八旁春爾雅言六蠻

六戎　西方曰戎戎者凶也斬伐殺生故曰戎類有六

一僥侇二戎央三老白四耆羌五鼻息六天剛爾雅
言七戎七山崙

五狄　北方曰狄狄者辟也父子同穴無別其行邪辟
故曰狄類有五一月支二濊陌三匈奴四單于五白
屋爾雅言八狄六宣威七宣靺鞨八達怛禮只云五
狄也

析支　在西蕃境今甘肅蘭州府河州西應劭云禹貢
析支屬雍州在河關之西東去河關千餘里羌人所
居謂之河曲羌東距松州西葉護南春桑迷桑等羌

北吐谷渾拔河曲羌在今涼州府武威縣即西戎之
地地理謂之賜支即古析支
渠搜　在西域禹貢析支渠搜涼土異物記在大宛北
界西域傳鏺汗國都葱嶺之西四百餘里古渠搜國
東去瓜州五千五百里渠搜當在西域非朔方也陸
氏曰漢志朔方郡有渠搜縣武帝紀北發渠搜是也
然考漢朔方之渠搜非此所謂渠搜此亦當是金城
以西之戎也後世種落遷徙故漢有居朔方者當禹
時渠搜居朔方則不應浮積石陸說非也瓜州今甘

肅安西州燉煌縣金城今蘭州府

獯鬻　在沙州今甘肅安西州燉煌縣即犬戎一曰犬夷又曰畎夷帝后相征畎夷七年乃服桀之亂犬夷入居邠岐成湯攘夷狄高宗伐鬼方至武乙犬戎寇邊周古公避於岐山乃漸蹂於中國矣蓋自古肅州以南甘涼洮龍鳳茂隆蜀邛雅黎嶲等州之西並西戎也沙州即瓜州古流沙之地黒水所經西羌所居春秋傳曰先王居檮杌于四裔故允姓之奸居于瓜州書竄三苗於三危三危既宅並此地其後子孫爲

羌戎代有其地左傳謂允氏之戎是也昔晋范宣子數戎子駒支曰昔秦人迫逐乃祖吾離於瓜州棠荆棘以來歸我先君惠公有不腆之田與汝剖分而食之即此地按十三州志瓜州戎爲月氏所逐秦幷六國築長城西不過臨洮則秦未有此地

西戎

今甘肅秦州周以前爲西戎地至孝王時其地始爲秦邑按周厲王時西戎反王室殺非子之曾孫秦仲其長子莊公伐西戎破之宣王乃復秦仲爲西垂大夫及幽王爲西戎所殺莊公子襄公將兵救周

有功平王賜襄公岐豐以西之地故春秋時爲秦國
又按西戎自秦州以西之地皆是葢自殷之衰古公
居豳爲犬戎所逼乃遷而踰梁山止岐山之下至犬
戎敗周幽王於驪山自隴山以東及乎伊洛往往有
戎春秋傳曰先王居檮杌于四裔故允姓之奸居于
瓜州今燉煌也晉惠公自秦歸晉遷陸渾之戎于伊
川今洛陽也故保諸狄獂之戎今渭川也邽冀之戎
今秦州也大荔之戎今郿坊也驪戎今渭南也楊巨
泉皐之戎今伊洛之間也蠻氏之戎今許潁也陰戎

今商州也秦始皇逐西戎出塞故漢初西戎稍遠

山戎　在漁陽郡漁陽縣今順天府薊州後浸大春秋齊人伐山戎又莊公三十年公及齊侯遇于魯濟謀山戎以其病燕故也

驪戎　今陝西西安府臨潼縣古驪戎之國也左傳晉獻公伐驪戎以驪姬歸即此寰宇記雍州昭應縣東二十四里有驪戎故城

北戎　在檀州今順天府密雲寰宇記春秋戰國並為燕北戎所居漢書將軍李廣弭節白檀魏書曹公越

北塞歷白檀破烏桓于柳城

盧戎　在襄州中盧縣今湖北襄陽府南漳春秋盧戎之國也

冀戎　在甘肅秦州禮縣寰宇記大潭縣廢伏羌城本周冀戎之地秦伐冀戎而置縣焉

邽戎　在甘肅秦州寰宇記廢上邽縣舊十六鄉本邽戎地秦伐邽而置縣

昆戎　在甘肅涇州漢爲安定郡地處山谷之間實昆戎舊壤廹近夷狄修習武備

羌戎　在四川茂州寰宇記此一州本羌戎之人好弓馬以勇悍相尚詩禮之訓闕如也貧下者冬則避寒入蜀傭賃自食故蜀人謂之作氐

義渠戎　在慶州今甘肅慶陽府安化縣古西戎地夏衰后稷子不窋奔戎翟之間今縣東南三里有不窋故城春秋及戰國時為義渠戎之土秦滅之按陝西邠州古義渠戎國

陸渾戎　在河南河南府洛陽縣左傳秦晉遷陸渾之戎于伊川即此

皐落戎　今山西絳州垣曲縣西北六十里有古皐落城一名倚亳左傳閔公二年晉侯使太子申生伐東山皐落氏杜注赤狄別種也

朐衍戎　在鹽州今甘肅寧夏府靈州春秋及戰國時皆爲戎狄所居史記梁山涇漆之北有義渠朐衍之戎謂此

千畝戎　在成州同谷縣今甘肅階州成縣古西夷地至戰國千畝戎羌氐居之後爲白馬氐國

玁狁　在岐州今陝西鳳翔府詩六月玁狁匪茹整居

焦蕿

鮮虞　在直隸正定府正定縣左傳晉荀吳假道于鮮虞戰國屬趙寰宇記定州古中山鮮虞地史記鮮虞古狄之種最大國在漢爲盧奴縣即定州

赤狄　在洛州今直隸廣平府永年春秋爲赤狄國後屬晉左傳宣公十四年晉荀林父敗赤狄于曲梁

赤狄甲氏　在山西潞安府屯留縣左傳宣公十六年晉滅赤狄甲氏及留吁一名戎屯與潞子俱附中國晉遂滅之

姜狄

在蔚州飛狐縣今直隸易州廣昌寰宇記按代地本狄姜姓之國周末漸強七國前稱王今雲中馬邑五原安邊定襄皆爲代國之北地焉

白翟

今陝西延安府綏德州及鄜州中部縣春秋時白翟國也漢書朔方爲西部都尉休屠爲北部都尉渠搜爲中部都尉故此爲中部郡焉隋圖經雜記俗謂丹州白室胡頭漢舌即言其狀似胡而語習中夏白室即白翟語譌耳近代謂之部落稽胡自言白翟後也丹州今宜川縣

越裳氏

今隸安南即林邑國古越裳氏之國也漢武帝開百越于交趾郡南三千里置日南郡林邑即日南郡之象林縣在郡南界四百里漢末大亂象林人區連殺縣令自稱林邑王子孫相承吳時通使其後王無嗣外孫范雄相傳累世遂爲林邑國其地開北户以向日屢寇交趾交州遂致虛弱

交趾

今安南國古越地禹貢揚州之裔土號爲百越周爲越裳重譯之地秦屬象郡史記始皇南取百越以爲桂林象郡是也按交趾之稱今南方夷人其足

大指開若並足而立其指相交有蠻夷之風漢書民皆服布如單被穿中央爲貫頭兵則矛盾刀木弓弩竹矢或骨爲鏃自初爲郡縣吏卒中國人多侵淩之故率數歲一反元帝時遂罷棄之又中國八郡志土人待婚族好客必先進檳榔若邂逅不設用相嫌恨又交州記南定縣人足骨無節身有毛卧者更扶始得起故曰交趾山海經交脛國人脚脛曲戾相交所以謂之交趾朱鳶俗尚琴瑟古風也索婦之人婚前先送檳榔一盤女食盡則成親南定朱鳶皆縣名

南粤

今廣東廣州府南海縣古南越之分秦以任囂爲南海尉病篤召龍川令循州趙佗授其位佗自立爲南粤王居其地凡五世九十三年而亡

北單于

在雲州雲中縣今山西大同府大同縣之北春秋時爲北狄地今縣西北四百二十里有單于臺漢武帝元封元年遣使告單于曰南越王頭已懸于漢北闕矣單于能戰天子自將代邊不能亟來臣服何但亡匿幕北寒苦之地爲匈奴讋盡其處也按匈奴先祖夏后氏之裔曰淳維殷時奔北方至周末七

國時而與燕趙秦三國爲邊鄰趙孝成王時李牧大
破之十餘歲不敢近邊秦始皇將數十萬之衆北擊
悉逐出塞收河南地匈奴單于曰頭曼不勝秦北徙
秦亂戍邊者皆復去於是復稍渡河與中國界于故
塞今陝甘安化延安平涼郡地也後爲其太子冒頓
以鳴鏑射殺之而自立爲單于是時漢兵與項羽相
拒故冒頓得自強控弦之士三十餘萬自淳維以至
頭曼千有餘歲時大時小別散分離尚矣世傳不可
得而次然至冒頓而匈奴最強大盡服從北夷而南

與諸夏為敵國其氏姓官號可得而記云單于姓攣鞮氏其國稱之曰撑犁孤塗單于匈奴謂天為撑犁子為孤塗單于者廣大之貌言其象天單于然也置左右賢王左右谷蠡左右大將左右大都尉左右大當户左右骨都侯匈奴謂賢曰屠耆故常以太子為左屠耆王其大臣皆世官呼衍氏蘭氏其後有須卜氏此三姓其貴種也諸左王將居東方直上谷以東今嬀州之東接濊陌朝鮮今直隸宣化府懷來赤城二縣之東也右王將居西方直上郡以西今上郡洛

交延安咸寧郡之西接氐羌今陝西等府之西也而單于直代雲中各有分地逐水草移徙而左右賢王左右谷蠡最爲大國

南單于　在石州離石縣今山西汾州府永寧州即左國城前趙記今離石左國單于所徙庭是也按南匈奴醯落尸逐鞮單于比烏珠留之子名比也初季父呼都而尸單于時以爲右薁鞬日逐王部領南邊及烏桓後漢光武初彭寵反叛于漁陽單于與共連兵因復權立盧方使入居五原今大同朔平二府境光

武方丙平諸夏未遑外事而匈奴數與盧方共侵北
邊九年遣吳漢等擊之經歲無功而匈奴轉盛遂寇
河東匈奴左部轉居塞內入寇尤深北邊無復寧歲
及比從父弟蒲奴立爲單于而其地連年旱蝗漢乘
其弊匈奴懼乃遣使求和親建武二十八年八部大
人共議立比爲呼韓耶單于以其大父常依漢得安
故襲其號於是欵五原塞願永爲藩蔽捍禦北虜許
之復聽其入居雲中今大同府後爲北單于所擾復
詔徙河西今汾州府亦列置諸郡按晋史北狄以部

落爲類其入居塞者有屠各種鮮支種寇頭種烏譚種赤勒種捍蛭種黑狼種赤沙種鬱鞞種萎莎種禿重種勃茂種羌渠種賀賴種鍾跂種大樓種雍屈種眞樹種力羯種凡十九種皆有部落不相錯雜屠各最豪故得爲單于統領諸種

烏桓　在嬀州以東及安東府境本東夷也按寰宇記在營州今永平府盧龍殷時爲孤竹國春秋時爲山戎戰國屬燕地理志遼西郡領且慮臨渝絫等十四縣後漢書遼西烏桓鮮卑所居漢初匈奴冒頓滅其

國餘類保烏桓山因以爲號其有勇健能理決鬥訟
者推爲大人無世業相繼邑落各有小帥數百千落
自爲一部大人有所呼召則刻木爲信氏姓無常以
大人健者名字爲姓烏桓自爲冒頓所滅衆遂孤弱
常臣服匈奴漢霍去病擊匈奴左地因徙上谷漁陽
右北平遼東遼西五部塞外爲漢偵察匈奴動靜其
大人歲一朝見於是始置烏桓校尉監領之後漸強
盛建武中大人郝旦等九百餘人詣闕朝貢於是封
其渠帥爲侯王君長者八十一人皆居塞內布於緣

邊諸郡後置烏桓校尉於上谷寧城今懷戎縣西北俗名西吐蕃城至桓帝末或降或叛靈帝時烏桓有難樓者衆有九千餘落皆自稱王又遼東蘇僕延衆千餘落自稱峭王於右北平烏延衆八百餘落自稱汗魯王並勇健而多計策又卯居力自稱彌天安定王獻帝初平中死從子蹋頓有武畧代立總攝三王部落皆從其號令建安初助袁紹擊破公孫瓚紹矯制賜蹋頓難樓蘇僕延呼延等皆授以單于印綬十二年曹操自征烏桓大破蹋頓於柳城今奉天府寧

遷州斬首虜三十餘萬人其餘衆萬餘落悉徙居中國爲齊人嬀州今宣化府懷來安東今奉天府遼陽州遼西今撫寧上谷今宣化漁陽今薊州右北平今豐潤遼東今奉天

鮮卑　在遼東今　盛京奉天府亦東夷之支也別依鮮卑山因號焉漢初亦爲冒頓所滅遠竄遼東塞外與烏桓相接未嘗通中國建武中鮮卑與匈奴入遼東太守祭彤擊破之斬獲殆盡三十年鮮卑大人於仇賁滿頭等帥種人朝賀帝封於仇賁爲王滿頭爲

侯於是鮮卑自燉煌酒泉以東邑落大人皆詣遼東受賞和帝永元中大將軍竇憲遣耿夔擊破匈奴北單于遁走留者尚有十餘萬落鮮卑於此徙據其地而有其人由此漸盛桓帝時有檀石槐者部落推為大人乃立庭于彈汗山歠仇水上高柳北三百里今山西朔平府朔州界也兵馬甚盛東西部大人皆歸焉因南抄緣邊北掠丁零東卻扶餘西擊烏孫盡據匈奴故地東西萬四千餘里南北七千餘里網羅山川水澤鹽池分其地為三部從右北平以至遼東東

接扶餘濊陌二十餘邑爲東部從右北平以西至上谷十餘邑爲中部今直隸宣化從上谷以西至燉煌接烏孫二十餘邑爲西部今甘肅安西州各置大人主領之光和中檀石槐之孫魁頭與從父弟騫曼爭國衆離散魁頭死步度根代立中兄扶羅韓亦別擁衆數萬人魏文帝初步度根遣使獻馬帝拜爲王後數與軻比能更相攻擊步度根部衆稍弱竟爲比能所殺

托跋　在上谷郡濡源西今直隸宣化府之北接拓拔

錄官分爲三部一居上谷北濡源西東接宇文部自統之一居代郡之參合陂北今山西朔平府朔州境使兄猗㐌弟猗盧居之晉懷帝時琨表以鮮卑猗盧爲大單于封代公徙馬邑縣即其地也亦東夷之後別部鮮卑也後魏史云出自黄帝子昌意之少子受封此土國中有大鮮卑山因以爲號宋齊二史又云漢降將李陵之後或云黄帝之苗裔以黄帝爲土德謂土爲托後爲跋故以爲氏其裔始均仕堯時逐女魃于弱水北人賴其勳舜時有田祖歷三代至秦漢

不交南夏是以載籍無聞積六十七代裔孫毛統國三十六大姓九十九其後至詰汾嘗田于山澤欻見輜軿自天而降既至見美婦人自稱天女曰天命相偶旦日請還期明年復會於此及期至先田處果見天女以所生男授詰汾曰此是君之子即力微也力微立諸部大人悉服控弦之士二十餘萬定都於定襄之盛樂今山西忻州其後晉封爲代王置官屬始出并州遷雜胡北徙雲中五原朔方又西渡河擊匈奴烏桓諸部自杏城以北八十里今中部郡之西迄

長原夾道立碣與晉分界姪孫什翼犍始建年號分
置百官至其孫涉珪即後魏道武皇帝也

大月氏　在甘肅安西州西北十八里玉門關外大宛
國西可二三千里理藍州城一名薄羅城本居燉煌
張掖間至冒頓單于攻破月氏而老上單于殺月氏
王以其頭爲飲器乃遠去過大宛西擊大夏而臣之
都嬀水北爲王庭其餘小衆不能去者保南山羌號
小月氏於大夏分其國爲五部翖侯後百餘歲貴霜
翖侯攻滅四翖侯自立爲王因號貴霜王最爲富盛

至後魏代北與蠕蠕接數爲所侵遂西徙都薄羅城去弗敵沙二千一百里後其王寄多羅武勇遂興師越大山南侵北天竺自乾陁羅以北五國盡役屬之其南則大夏西接安息四十九日行北則康居去長安一萬一千六百里

## 小月氐（二）

在甘肅甘州府張掖縣六國至秦爲月氐居焉漢初爲匈奴右地西域傳月氐本居祁連燉煌閒理富樓沙城其王本大月氐王寄多羅子也寄多羅爲蠕蠕所逐西徙後令其子守此城故曰小月氐在

婆羅西南後魏書云去漢一萬六千六百里其先或居西平張掖之間捘霍去病至祁連捕首虜甚多上曰驃騎將軍涉鈞耆濟居延遂臻小月氏攻祁連山即從此也

白馬　在成州同谷縣今甘肅階州成縣戰國時千畝戎羌氏居之後爲白馬氐國寰宇記在冉駹東北廣漢之西君長數十白馬最大漢武帝開廣漢郡合爲武都督排其種人分竄山谷或在上祿或在汧隴左右其種非一或名靑氐或號白氐或稱蚺氐此蓋中

國人即其服色而名之其後或叛或附固無常居按史記西南夷傳自筰以東北戎長以什數冉駹最大在蜀之西自冉駹皆氐類今縣南八十里有山曰仇池甚險固左右悉白馬氐秦遂西戎遂統有其地晉武帝時氐豪楊定擁衆仇池稱藩于晉其地遂爲楊氐所據

冉駹　今四川茂州本冉駹國史記南越破後冉駹等皆震恐請臣漢武帝元鼎六年以冉駹爲汶山郡後漢書冉駹其山有六夷七羌九氐各有部落其王侯

頗知書而法制嚴重

烏孫　在瓜州今甘肅安西州燉煌縣古西戎地戰國時爲烏孫月氏居焉其國諸王曰昆彌亦曰昆莫大昆彌理赤谷城按西域記烏孫于西域諸戎最強今之赤鬚青眼狀類獼猴者即其種也有户二十萬本塞地大月氏西破走塞王塞王南越懸度大月氏因居其地後烏孫昆莫擊破大月氏大月氏徙西臣大夏而昆彌昆莫居之故烏孫有塞種有大月氏種焉漢以公主妻烏孫王以分匈奴西方之援至後魏時

其國數爲蠕蠕所侵西徙葱嶺中矣去長安八千九百里

## 挹婁

盛京奉天府承德縣東北皆挹婁國之地即古肅慎氏之國也周武及成王時皆貢楛矢石砮爾後千餘年雖秦漢之勝莫能致也

## 夫餘

盛京奉天府開原縣境一作扶餘南鄰高句驪東與挹婁西與鮮卑接初北夷槖離國一作槖王有子曰東明長而善射王忌其猛欲殺之東明奔走東渡掩虎水因至夫餘而王之漢順帝初來朝帝作黃

門鼓角抵戲以遣之晉武帝太康元年爲慕容廆所襲其王依慮自殺子弟走保沃沮明年後王依羅求還國帝遣人送之爾後每爲廆掠種人賣於中國帝又以官物贖還禁市夫餘之口自後無聞

高句驪 盛京奉天府北五百六十里鴨綠江東有平壤城即箕子所封之地漢屬樂浪郡後漢朝貢云本出于夫餘東至海南至漢西北踰遼河先祖朱蒙母河伯女閉于室內爲日所照引身避之日影尤逐因有孕生卵大如五升夫餘棄之與犬犬不食與豕豕

不食棄於路牛馬避之棄於野衆鳥以毛茹之王剖之不破以還其母母以物裹置煖處有一男破殼而出及長名曰朱蒙其俗言朱蒙者善射也國人以非人所生欲殺之朱蒙東走渡普述至紇升骨城遂居之號曰高句驪國因以高爲氏子孫相繼漢武滅朝鮮置元菟郡以高句驪爲縣使屬之其後高璉晉安帝義熙中獻赭白馬受封爵始徙居平壤城後號西京其地後漢時南北二千里至後魏南漸狹方千餘里至隋漸大東西六千里接今奉天府之遼陽海城

復州葢平寧海皆高句驪之地也

沃沮

盛京奉天府海城縣初衛滿王朝鮮時沃沮屬焉漢武帝平朝鮮分其地爲四郡以沃沮城爲元莬郡後爲夷貊所侵徙都于高句驪西北乃以國小迫于大國之間遂臣屬句驪魏齊王正始五年毋邱儉討句驪王後宫奔沃沮遂進師擊沃沮邑落皆破之其地東西狹南北長可折方千里

三韓

盛京錦州府境後漢時通焉有三種一曰馬韓二曰辰韓三曰弁韓三韓之地大小共七十八國或

云百濟是一國大者萬餘户小者數千家各在山海
間地各方四千餘里東西以海爲界皆古之辰國也
馬韓最大共立其種爲王辰韓者老自言秦之亡人
避苦役適韓國馬韓割其東界地與之有城栅其言
語有類秦人由是或謂之秦韓其王常用馬韓人作
之代相係襲辰韓不得自立爲王明其流移之人故
也其俗名國爲邦兒生便以石壓其頭欲令其扁故
辰韓人皆扁頭男女近倭人皆文身便歩戰兵仗與
馬韓同弁韓與辰韓雜居城郭衣服皆同言語風俗

亦相似惟祠祭鬼神有異施灶皆在户西晋武帝咸寧中馬韓王來朝自後無聞按三韓詩爲百濟新羅所併

林胡　在雲中郡今山西大同府即古雲中林胡之地趙武靈王北破林胡樓煩置此郡

邛都　在四川寧遠府西昌縣東南古西夷邛都國出史記西南夷傳自滇以北君長以什數邛都最大漢書司馬相如傳唐蒙已畧通夜郎時邛筰之君長請吏比南夷帝以問相如對曰邛筰冉駹者近蜀道易

通秦時嘗爲郡縣至漢興而罷今誠復通爲置縣愈
於南夷帝乃拜相如爲中郎將使略定西南夷邛筰
冉駹斯榆之皆請爲臣妾除邊關益斥西至沫若水
南至牂柯爲徼通靈關道橋孫水以通邛筰

夜郎　今四川嘉定府雲南曲靖府南寧縣境貴州石
阡黎平遵義三府梓潼普安二縣皆同夷古山獠夜
郎國之地漢時南夷君長以十數夜郎最大按九州
志夜郎自古非臣服之國昔漢武帝開拓南邊始置
夜郎縣屬牂柯郡八郡志夜郎之西岳去郡四百里

司馬相如所開之處其俗多獠生獠言語或通

## 車師

在甘肅肅州西六十里嘉峪關外西北行歷安西州哈密闢展凡一月程有城曰柳陳城西百里曰土魯番即唐之交河縣爲車師前王庭之地又自安西州西北十八里玉門關外西北一千三百里有高昌壁漢班超定西域之後領兵五百人駐之置戊己校尉即徐普欲開之道爲車師後王國按後魏孝武時行闞爽者自爲高昌太守至真君中爲沮渠無諱所襲因據之至和平元年爲蠕蠕所併蠕蠕以闞伯

周爲高昌王自此以後每有立者輙爲人所殺其後立麴嘉爲王傳國九代至智盛不循職貢唐討平之以其地置西州東去長安一千八百至焉耆八百里去燉煌十三日行其地東西三百里南北五百里四面多大山後王國理務塗谷即湳城去長安八千九百里

柳陳　在甘肅肅州西嘉峪關外雪山之南二千二百八十里闢展之西有地曰柳陳即魯陳漢名柳中班勇西屯之所爲車師前王庭之地唐屬交河城西百

里曰吐魯番即唐之交河縣也自安西州西行中經
大川沙磧無水草大風倏起人馬相失道旁堆骸骨
白日鬼魅迷人土人謂之旱海出川西行至流沙河
上有小岡風捲浮沙所積道北火燄山色如火城方
二三里四面多田園流水環繞灌木茂鬱候暖宜稌
麻麥豆有小葡萄名瑣子人二種回回男子削髮戴
小罩剌婦女白衣裹頭畏兀兒男子椎髻婦人蒙皁
布垂髻于額明宣德中酋長哈失哈力遣十四人入
貢

高昌　在甘肅安西州西北十八里玉門關外西北一千三百里有高昌壁漢班超定西域之後領兵五百人駐之置戊己校尉以其地高敞人庶昌盛立名或云武帝遣兵西討師旅頓敝者因住焉故又名高昌壘即徐普欲開之道也爲車師後王國唐置西州後入回鶻宋時通貢元號畏兀兒明稱火州相傳其國師子王避暑北廷山中出硇砂常有烟氣涌起至夕光焰如炬照見鳥鼠皆赤火州所由名也明永樂七年朝貢十二年陳誠至其國言城方十餘里風土蕭

條民居僧房參半皆零落東有荒城即高昌國故址宣德中王及吐魯番柳陳城並貢馬及玉璞爾後朝貢止稱吐魯番云俗類匈奴烏孫事天神信佛法春月出游持弓矢射諸物以禳災婦人戴油帽名蘇幕遮用開元歷以三月九日爲寒食潑水交潑爲戲謂之壓陽氣氣候極熱產五穀惟無麥出貂皮等物

黑婁

在甘肅肅州西嘉峪關外雪山之南一千四百九十里吐魯番之西近吐魯番世締好貢道亦由吐魯番入其地山水草木禽獸皆黑男女亦然明宣德

中遣使朝貢

大宛　在甘肅安西州西北十八里玉門關外王理貴山城户六萬其王姓蘇色匿字底失槃陁積代承襲不絶始漢張騫爲武帝言之帝遣使持千金及金馬以請宛善馬宛王殺漢使於是拜李廣利爲貳師將軍期至貳師城取善馬不下至燉煌即安西州士卒存者十不過一二帝怒其不尅使遮至玉門關不許入貳師因屯燉煌發戍甲卒十八萬置居延休屠令武威張掖也以衛酒泉貳師至宛宛王新寡首獻馬

遂採葡萄苜蓿種而還國王隋時蘇對沙那國即漢
大宛之異名也去長安萬二千五百五十里

康居　在甘肅安西州西北十八里玉門關外大宛之
西北可二千里去長安一萬一千三百里與粟弋伊
列隣接漢時通焉王理樂越匿地居卑闐城亦居蘇
薤城與大月氏同俗地和暖出好馬東覊事匈奴宣
帝時郅支單于殺漢使西阻康居其後甘延壽陳湯
誅滅郅支單于至成帝時康居遣子侍漢貢獻自後
無聞或名號變易遷徙吞併非所詳也至晉其那鼻

獻善馬後魏復朝貢其王姓温月氏人也舊居祁連山北昭武城自被匈奴所破西踰葱嶺遂有此國支庶各分王故康國左右諸國有米國曹國史國安國小安國那色波國烏那曷國穆國凡九國皆其種類並以昭武爲姓云不忘其本也王字代夫畢爲人寬厚甚得衆心其妻突厥達度可汗女都於薩寶水上阿祿廸城名爲強國西域諸國多歸附之其人好音聲善商賈以六月一日爲歲首唐武德十年其王屈木支獻名馬貞觀九年獻獅子太宗嘉其遠至命秘

書少監虞世南爲之賦

樓蘭　在甘肅安西州燉煌縣西婼羌之西北王理扜泥城户一千五百七十東至長安六千一百西北至車師一千九百里初漢武因張騫言欲通大宛諸使者一歲中多至十餘輩樓蘭姑師當道苦之攻劫漢使王恢等漢將趙破奴等率屬國騎及郡兵數萬擊之虜樓蘭王遂破姑師於是列亭障至玉門矣後復爲匈奴反間數遮殺漢使昭帝使傅介子往刺其王懸首北闕乃立其弟尉屠耆爲王更名其國爲鄯

自後無聞至後魏太武時其國爲沮渠安周所攻其王奔且末且末後屬之西魏時其王兄鄯米內附

東甌　在浙江處州府統志春秋戰國時屬楚漢初爲東甌國

西甌　在廣西潯州府貴縣及廣東高州府茂名皆古西甌駱越之地按西甌所居在廢黨州今廣西鬱林州也

# 薄海番域錄

古蕃二　山左武定邵大緯星巖氏述

百濟　盛京奉天府開原縣境即漢末夫餘王尉仇台之後後魏時百濟王上表云臣與高麗源出夫餘也初以百家濟海因名百濟西南至海東至智異山北至漢水時高句驪既據有遼東而百濟亦據遼西晉平二郡地自晉以後併諸據有馬韓地其人土著地多下濕率皆山居其王都東西二城號俱尸拔城王號於羅瑕百姓呼爲鞬吉支夏言並王也王妻號於

陸夏言妃也後魏孝文征破之後其王牟大爲高句驪所破衰弱遷居南韓舊地唐太宗親征高麗百濟懷貳蘇定方討平之虜其王義慈以歸

## 新羅

盛京奉天府東南漢樂浪郡地在百濟東南五百餘里當高麗東南魏爲新盧國東南至海西至智異山北至漢水其先本辰韓種也辰韓始有六國稍分爲十二新羅則其一也或曰斯羅魏將毋邱儉討高麗破之奔沃沮其後復歸故國留者遂爲新羅焉故其人襍有華夏高麗百濟之屬並兼有沃沮不耐

韓濊之地其王本百濟人自海逃入新羅遂王其國國小不能自通梁武帝時王姓募名秦遣人隨百濟獻方物其俗呼城曰健牟羅其邑在內曰啄評在外曰邑勒亦猶中國之言郡縣也國有六啄評五十二邑勒至隋文帝時來貢其王姓金名真平按風俗記金姓相承三十餘葉文帝拜爲樂浪郡新羅王又按其先附庸於百濟後因百濟征高麗人不堪戎役相率歸之遂致強盛因襲加羅任那諸國滅之並三韓之故地也其西北界大牙山出高麗百濟之間後盡

有百濟之地及高麗南境東西約九百里南北約一千八百里

蠕蠕

在甘肅燉煌張掖之北姓郁久閭氏始拓跋力微末掠騎有得一奴髮始齊眉忘本姓名其主字之曰木骨閭木骨閭者首禿也木骨閭與郁久閭聲相近故其後子孫因以爲氏焉木骨閭既壯免奴爲騎卒代王猗盧氏坐後期當斬亡匿廣漠溪谷之間收合逋逃得百餘人依純突鄰部至其子車鹿會雄健始有部衆自號柔然魏太武以其無知狀類於虫故

改其號曰蠕蠕宋齊謂之芮芮隋史亦曰茹茹及六代孫杜崙兇狡甚有權變自廣漠北侵高車深入其地遂併諸部凶勢益振北徙弱落水始立軍法其西北有匈奴餘種國尤富強盡爲杜崙所併號爲強盛其西則焉耆之地東則朝鮮之地北則渡沙漠窮瀚海南則臨大磧其常所會處則燉煌張掖之北小國皆苦其寇掠羈縻附之於是自號丘豆伐可汗可汗之號始於此丘豆伐猶言駕馭開張也可汗猶言皇帝也其俗君及大臣因其行能即爲稱號若中國立

謚既死之後不復追稱後又頻擾北邊後魏大武襲之其王大檀震怖將其族黨焚燒廬舍絶迹西走於是國落四散至孫吐賀真太武又破之自是邊疆息警矣

## 突厥

其先平凉襍胡也在今甘肅凉州府蓋匈奴別種姓阿史那氏後魏太武滅沮渠氏於凉州阿史那以五百家奔蠕蠕代居金山工於鉄作金山狀如兠鍪俗呼兠鍪爲突厥因以爲號或云其先國於西海之上爲鄰國所滅男女無少長盡殺之有一兒年且

十歲以其小不忍殺之乃刖足斷臂棄於大澤中有牝狼每銜肉至其所此兒因食之得以不死其後遂與狼交因有孕焉因負匿西海之東止於山上其山在高昌西北今西河郡下有洞穴狼入其中遇得平襄芳草地方二百餘里後狼生十男長大外託妻孕其後各爲一姓阿史那其一也子孫繁育漸至數百經數世相與出穴臣于蠕蠕一云先出于索國在匈奴之北其部落大人曰阿謗步兄弟十七人其一曰伊質泥師都狼所生也謗步等性並愚癡國遂被滅

尼師都既別感異氣能徵召風雨娶二妻云是夏神冬神之女一孕而生四男其大兒名訥都陸設衆奉爲主號爲突厥訥都陸所生子皆以母族爲姓阿史那是其一也號阿賢設此說雖殊然俱狼種也後魏末其酋帥土門部落稍盛始至塞上通中國至西魏大破蠕蠕於懷荒北遂自號伊利可汗猶古之單于也號其妻爲可賀敦亦猶古之閼氏也其子弟謂之特勒別部領兵者謂之設其後或入蔚州或居朔州或居定襄皆今山西地屢爲邊患按突厥本西方賤

種居金山之陽爲柔然鐵工至其酋長土門始强大頗侵魏西邊魏丞相泰始遣祭酒胡安諾槃佗使其國國人喜曰大國使至吾國興矣其後憑陵中國唐高祖至以臣事之卒爲太宗所滅又按今之土伯特即唐之突厥唐太宗時以公主下降公主供佛像于廟今番人名招招者譯言如來也其地猶有唐時中國載去佛像

西突厥　在甘肅肅州西嘉峪關外其國居烏孫之故地東至突厥西至雷翥海南至疏勒北至瀚海在長

安北七千里自焉耆西北七日行至其國按烏孫在瓜州今安西州燉煌縣大邏便阿波可汗木杆可汗之子也初木杆與沙鉢畧可汗有隙因分爲二鐵勒龜茲及西域諸國皆歸附之其人襍有都陸及弩失畢葛邏祿處月處密伊吾等諸種風俗大抵與突厥同惟言語微異大邏便後爲北突厥所擒其國立鞅素之子爲泥利可汗至其子達漫號處邏可汗其母向氏本中國人生達漫而泥利卒又嫁其弟婆實隋初詣長安處邏可汗居無常處然多在烏孫故地立

小可汗分統所部一在石國北以制諸胡一在龜茲北其地名應娑每五月八日相聚祭神歲遣重臣向其先代所居之窟致祭焉後爲其酋長所襲遁于高昌其弟統葉護代立勇而有謀善攻戰遂北并鐵勒西距波斯南接罽賓悉歸之控弦數十萬覇有西域據烏孫之地西戎之盛未之有也唐高祖厚結之許力以圖北蕃然自負彊盛無恩於國部落咸怨頡利可汗又頻歲入寇其伯父莫賀咄殺之而自立國人不附廼統葉護之子咥力立之性猜狠信讒無統制

之畧尋卒國人立泥孰是爲咄祿可汗其父真設武
德中常至京師太宗居藩與之結盟爲兄弟至是詣
闕請降賜以名號及鼓纛卒弟同娥設立俄而其國
分爲十姓部落同娥既不爲衆所歸西端竟立欲谷
設爲可汗與同娥中分相與作難同娥窮蹙奔于鍛
汗而死立其弟伽那之子泊布尋爲欲谷可汗咄陸
所殺咄陸不爲衆所附其國大亂垂拱後十姓部落
頻被突厥默啜侵掠死散殆盡及隨斛瑟羅纔六七
萬人徙居內地西突厥阿史那於是遂絶

契丹　在直隸永平府山海關外今奉錦二府故鮮卑之地東抵高麗西接奚國南至營州北至室韋方二千里其先與庫莫奚異種而同類並為慕容氏所破俱竄于松漠之間後魏初大破之遂逃並與庫莫奚分皆經數十年稍滋蔓於和龍之北數百里多為寇盜魏太武乙未歲貢名馬於是東北羣狄悉萬丹部阿大河部伏弗郁部羽陵部日連部匹潔部匹黎部吐六於部各以其名馬文皮獻得交互於和龍密雲之間和龍即柳城今撫寧密雲隸今順天府其後為

突厥所逼又以萬家寄于高麗隋開皇末有別部四十餘家背突厥來降文帝方與突厥和好重失信于遠人勑突厥撫納之固辭不去部落漸衆遂北遷水草當遼西正北二百里今錦州府依托紇臣水而居東西五百里南北三百里亦鮮卑故地分爲十部多者三千少者千餘唐貞觀二十二年契丹帥窟哥率其部內屬以契丹部爲松漠都督府于營州兼置東夷都護以統之亦在錦州府按契丹即遼也本鮮卑遺種姓耶律氏居潢水之南黃龍之北元魏時始

號契丹石晉時太宗改國號遼宋時聖宗仍稱契丹道宗復改遼始祖曰奇首子分八部唐貞觀時摩會來降其長窟哥舉部內屬太宗即其地置十州俾爲松漠都督厥後叛服靡定八部大人以次代爲王有雅里者世掌國政譯其始興之地世里爲耶律而姓之八世孫阿保機當昭宗時諸部多徵阿保機爲王不受代兼併諸部侵室韋女真寇陷河東州郡盡取奚霫突厥及代北之地隣國降附稱帝改元國人謂之天皇是爲太祖更名億太祖慕漢高祖命耶律兼

稱劉氏北府宰相必后族比蕭相國故后皆爲蕭氏

太祖后述律氏亦稱蕭氏

吐谷渾　在甘肅蘭州府河州其先本遼東鮮卑也西晉時酋帥徒河涉歸有二子長曰吐谷渾少曰若洛廆涉歸死廆代統部落別爲慕容氏渾庶長廆正嫡父在時分七百户與渾渾與廆二部俱牧馬馬鬥相傷廆怒遣使謂渾曰先公處分與兄弟異部牧馬何不相遠而令馬鬥渾曰馬是畜生食草飲水春氣發動所以致鬥鬥起于馬而怒及人耶乖別甚易今當

去汝于萬里之外矣于是擁馬西行乃附陰山今山西朔平府之北永嘉之亂始度隴西止于枹罕即今河州其後子孫據有甘松之南洮水之西南極於白蘭在益州西北今鞏昌府洮州廳西南二百五十里即西蕃吐谷渾界也至其孫葉延以禮云公孫之子得以王父字爲氏吾祖始自昌黎先宅于此今以吐谷渾爲氏尊祖之義至阿豺兼併羌氐號爲強國遣使詣宋朝貢唐龍朔三年爲吐蕃所滅凡三百五十年其部衆又東徙散在朔方河東之境今俗多謂之

退渾蓋語急而然

勿吉　盛京奉天府開原縣古肅慎氏地亦謂之靺鞨
邑落各自有長不相總一凡七種一粟末部與高麗
相接二汨咄部在粟末北三安車骨部在汨咄東北
四拂涅部在汨咄東五號室部在拂涅東六黑水部
在安車骨西北七白山部在粟末東南勝兵各數千
而黑水部尤爲勁健在今開原西北與契丹接每相
刼掠與中國懸隔惟粟末白山爲近隋煬帝初其渠
帥度地稽率其部來降居之于柳城今錦州府寧遠

州唐武德三年劉黑闥叛以戰功封國公徙其部落於幽州之昌平城其白山部素附高麗因收平壤後部衆入於中國汨咄安車骨與號室等部亦因高麗破後奔散微弱今無聞焉縱有遺人並于渤海大氏編户惟黑水部盛分爲十六部落以南北爲稱地自此朝貢不絶其拂涅鐵利等部落亦嘗朝貢或隨渤海大氏而來及渤海強盛黑水亦爲其役焉舊說黑水西北有思慕靺鞨正北微東十日程有郡利靺鞨東北十日程有窟說靺鞨亦謂之屈設東南十日程

有莫曳皆靺鞨今黑水靺鞨界至渤海德府北至小海東至大海西至室韋南北約二千里東西約一千里也

回紇　在山西大同府西北以磧爲界磧北諸番州悉屬瀚海磧南並隸雲中即大同勝兵五萬人先屬突厥初有健俟斤死其子菩薩立唐貞觀初與薛延陀俱叛突厥頡利可汗侵其邊地頡利遣騎討之戰於天山大破之俘其部衆回紇由是大振因率其衆附於薛延陀號爲活頡利發及薛延陀之敗其酋胡祿

俟利發吐迷度率其部詣闕請同編户率衆内附其後部落戰征有功並自磧北移居甘州界故天寶末取驍壯以爲赤水軍騎士自天寶初回紇葉護逸標苾襲滅突厥小殺之孫烏蘇米施可汗未幾自立爲九姓可汗由是兼九姓之號因而南徙居突厥舊地依烏德健山嗢河雖逐水草大抵以此山北中國之長安城直西去直西城千七百里西城即漢之高闕塞也今山西朔平府境内去噴口三百里九姓者一回紇二僕固三渾四拔曳固即拔固也五同羅六思

結七契苾羽八阿結思九骨崙屋骨思唐貞觀元年以咸安公主降請改紇字爲鶻蓋欲誇國俗俊健如鶻毛德宗從之按初回紇風俗樸厚君臣之等甚不異故衆志專一勁健無敵自有功于唐賜遺豐腴登用可汗始自尊大築宮室以居婦人有粉黛文繡之飾中國爲之虛耗而虜俗亦壞如耶律德光踐汗中土而有之且死其母猶不哭撫其尸曰待我國中人畜如故然後葬汝蓋謂之華夷者天也有或反此非其福也

## 鐵勒

在伊州伊吾縣今甘肅安西州本漢伊吾盧地漢書謂鐵勒國在燉煌之北大磧之外非九州之域傳曰伊吾盧者葢夷狄舊號秦亦未有其地至漢宣帝時鄭吉爲南北道都護居烏壘城即此地至九年置戊己校尉雖不立州郡其地葢屬焉按太平寰宇記鐵勒之先匈奴之苗裔也種類最多自西河之東依據山谷往往不絶獨洛河北有僕骨同羅韋紇拔也古覆羅並號俟斤蒙陳吐如紇期結渾斛薛等諸姓勝兵可二萬伊吾以西焉耆之北傍白山則有薛

獘薄落職乙咥蘇婆郡曷烏護骨紇也咥於泥護等
勝兵可二萬金山西南有薛延陀咥勤兒十盤達契
等萬餘兵康國北傍阿得水則有訶咥曷巘撥忽吨
千貝海曷比悉阿嵯蘇拔也末渴達等三萬餘兵旁
嶷海東西有蘇路羯三索咽蔑促薩忽等諸姓八千
餘兵拂菻東則有恩屈阿蘭北振九離伏嗢昏等僅
二萬人北海南則有都波等雖姓氏各別總謂爲鐵
勒並有君長分屬東西兩突厥隨水草流移人性兇
忍善于騎射貪婪尤甚以寇掠爲生近西者頗爲藝

植多牛羊而少馬自突厥國有東西征討皆資其用
以制北荒當十六國慕容垂時塞北後魏末河西並
云有敕勒部鐵勒蓋言訛也唐貞觀中太宗幸靈州
鐵勒等十一姓遣使朝貢請列其地爲州縣北荒悉
平太宗爲五言詩以敘其事麟德初餘黨復叛乾封
元年薛仁貴等破鐵勒之衆于天山時九姓有衆十
餘萬令驍健數十人逆來挑戰仁貴發三矢射殺三
人自餘一時下馬請降仁貴恐其爲後患並坑殺之
更就磧北討餘衆擒其葉䕶兄弟三人而還軍中歌

曰將軍三箭定天山戰士長歌入漢關其後遂絕矣

龜茲　在甘肅肅州西嘉峪關外雪山之南三千三百一十里布古爾之西三百里今庫車爲龜茲國故地一名邱茲又曰屈茲其王姓曰國人總姓曰國王及大首領相承不絕他姓不得居之王理伊邏盧城都白山之南二百里去瓜州三千里即今安西州燉煌縣勝兵數千漢宣帝時烏孫公主遣女來至京師學鼓琴龜茲王絳賓請娶爲妻言得尚漢外孫爲昆弟願與公主女俱入朝元康初遂來朝賀王及夫人皆

賜印綬夫人號稱公主樂漢衣服制度歸其國治宮室作徼道出入傳呼撞鐘鼓如漢家儀外國人皆曰驢非驢馬非馬若龜茲王所謂贏也至後漢光武時其王名宏爲莎車王賢所殺滅其族唐貞觀二十二年阿史杜尒破之虜龜茲王而還于其地置安西都護府東去長安七千五百里

焉耆　在甘肅肅州西嘉峪關外布古爾之西三百里龜茲國之東八百里王理員渠城在白山之南七十里其王姓龍名突騎支即突厥之後常役于西突厥

俗有魚塩之利隋時朝貢盡併有漢時犂危須國山
三國之地併鄯善之北界唐貞觀十八年郭孝恪討
平之由是臣屬上元中置都府處之其部落無蕃州
東去長安七千三百里

**于闐** 在甘肅肅州西嘉峪關外安西州燉煌縣西南
葱嶺北二百里東西五千里南北千里後併有漢戎
盧扞彌渠勒皮山精絶五國之地勝兵數千俗多機
巧其王伏闍信唐開元間入朝上元三年置毗沙都
督府在安西都護府西南二千里去長安九千七百

里阿耨達山在國南據漢書河源出焉或言即崑崙山是也

疎勒　在甘肅安西州西四千六百里即疎勒故國今名蘓勒在白山之南勝兵二千其人手足皆六指産子非六指則不育唐貞觀九年遣使朝貢其王姓裴併有漢時莎車捐休循三國之地上元中置疎勒都督府在安西都護府西南二千里去長安九千三百里按州西即蘓勒故國蹟雖無可驗呼其水曰蘓勒河

南詔

今雲南大理府初爲滇王國在楚雄府姚州府莫之屬以十數滇最大漢書楚威王使大將莊蹻泝沅水出苴蘭以伐夜郎屬秦擊奪楚黔中地蹻無路還遂自王之秦蜀通五尺道置吏漢武帝開西南夷置益州郡雲南即屬邑也唐麟德元年移姚州治于梇棟川自是朝貢不絕開元末蒙舍詔皮羅閣並蒙嶲詔越析詔浪穹詔邆賧詔浪施詔五詔合爲一號南詔治太和城天寶末楊國忠用事蜀帥撫慰不謹蠻王閣羅鳳不恭國忠令鮮于通與帥一萬渡瀘討

之大爲羅鳳所敗自是臣附吐蕃侵寇四川號大蒙國貞元中韋皋鎮蜀蠻帥異牟尋歸國命使冊拜謂之南詔再徙羊苴咩城即今大理府治太和中杜元穎鎮蜀蠻王嵯顛侵蜀自是或臣或否咸通中結搆南蠻深寇蜀郡西南夷之中南詔蠻最大其後鄭買賜逍善政楊干貞互相篡奪至後晉段思平得之號大理國元憲宗時內附按大理漢爲益州部唐葉榆縣地李特據蜀置漢州

吐蕃　今甘肅蘭州府西北之地唐神龍三年詔以所

養嗣雍王守禮女金城公主出降吐蕃贊普元宗時公主請樹碑于赤嶺乃約寧夏靈州以賀蘭山平涼涇州以彈箏峽西口鳳翔隴州以清水爲界按吐蕃在吐谷渾西南不知有國之所由或云禿髮利鹿孤子樊尼其主傉檀爲乞伏熾盤所滅樊尼率餘種依沮渠蒙遜其後子孫西魏時爲臨松郡丞令張掖與主簿皆得衆心因魏末中華擾亂招撫羣羌日以強大遂改姓爲窣勃野至今其人號其主曰贊府貴臣曰主簿又或云始祖贊普自言天神所生號鶻堤悉

補野因以爲姓或云本姓棄蘇農其君長或在跋布川或居邏波川有小城而不居坐大氈帳名拂廬其下可容數百人兵衛極嚴而衙府甚隘其臣與君自爲友號曰共命人其數不過五人君死之日共命人皆日夜縱酒葬日于脚下針血盡乃死便以殉葬又有親信人用刀當腦縫鋸亦有將四尺木大如指刺兩肋下死者十有四五亦殉葬焉父死子代絶嗣即近親襲焉非其種類輒不相代無文字刻木結繩爲約以麥熟爲歲首其國都爲邏娑城當長安西八千

里去鄯善五百里過烏海入吐谷渾部落彌多彌蘇毗及白蘭等國至吐蕃界西與婆羅門接自大唐初巳有勝兵數十萬號爲強國黨項白蘭諸部及吐谷渾西域諸國畏懼之

## 西蕃

按明統志所載西蕃即吐蕃自南涼樊尼以禿髮爲國號訛曰吐蕃其先本羌屬凡百餘種散處河湟江岷間今甘肅西寧蘭州鞏昌四川寧遠打箭爐等處也其酋發羌唐旄等居析支水西後樊尼西濟河逾積石居歧布川或邏婆川今西寧府隋開皇中

有論贊索者居湃河西唐貞觀中始通中國旣而滅
吐谷渾盡有其地幅員萬里至唐末衰弱種類分散
入內屬者謂之熟户餘謂之生户宋時朝貢不絕其
首領唃廝羅始居鄯州後徙靑唐亦西寧府地神哲
兩朝皆授以官元始郡縣其地以吐蕃僧八思巴爲
大寶法王帝師領之嗣世弟子號司空司徒國公佩
金玉印明洪武二年番衆寇臨洮韋正禦之河氷未
合師不得濟正祝天有頃河氷如巨屋自上流下風
從之氷合渡河擣擊番衆大驚降服六年詔吐蕃各

族酋長舉故有官職者至京授職遂置五衙門以元
攝帝師喃加巴藏卜爲熾盛佛寶國師七年復封番
僧爲闡教王闡化王輔教王贊善王護教王大乘法
王大寶法王凡七王給銀印令比歲或間歲朝貢然
族類甚繁屢爲邊患多被追逐初設西番都指揮司
二曰烏思藏曰朶甘指揮司一曰隴答宣慰司三招
討司六萬户府四千户所十七並洪武初置其後增
設招討司安撫司長官司又有加渴瓦寺金川寺韓
何硐怯列寺番僧有封灌頂國師者自洮岷階文西

固南達松茂族種甚繁在階文者名武都羌在洮者吐谷渾羌而松茂間東西沮河列砦四十有八殆不勝紀焉風俗大抵樸魯上下一心好鬥重兵死吏治無文字以麥熟爲歲首階文番據層崖深箐跳躍如獮猴相傳番人無髀易奔以憑險不畜騎洮番甲馬頗整即面中一二鎗並立不撓常發冷箭擂石截軍餉日就闌僅索飲見炊烟起即蛾聚攢食日和番而仰中國茶麝爲命無茶則發腫且死無麝則苦蛇虫殘麥禾故自昔以閉關絶貢可制西番別種在雲南

鐵橋北名古宗號細腰番明太祖旣下雲南裂吐番爲二十三支分屬郡邑轄以土官永寧外有野西番稍不易制古宗鴃舌辮髮短裳用犛牛或羊毛撚線爲之婦女用青白磁珠與硨磲相間懸于項以松膏澤成縷下垂大近西番云

女直

盛京奉天府開原縣其初在縣北一千五百里混同江之東東瀕海西接兀良哈南隣朝鮮北至奴兒干北海古肅愼地後漢謂之挹婁元魏謂之勿吉隋唐曰黒水靺鞨唐初渠長阿固郎始來朝後乃臣

服開元中置黑水府其後粟末靺鞨強盛號渤海黑水皆役屬之又其後渤海寖弱為契丹所攻黑水復擅其地即金鼻祖之部落也初號女真避遼興宗諱改女直臣屬于遼部族散居山谷至阿骨打始大易部建國曰金滅遼設都于渤海上京至海陵改為會寧府即今開原也金亡歸元元亡歸明自開元迤北因其部族所居給與印信俾仍舊俗以時朝貢

蒙古

盛京奉天府北烏龍江南兀良哈之西本迤北一小部落也北故種落不一歷代名稱各異夏曰獯

鬻殷曰鬼方周曰玁狁秦漢皆曰匈奴晉曰鮮卑唐曰突厥宋曰契丹自漢以來匈奴頗盛後稍弱而烏桓興漢末鮮卑滅烏桓盡有其地後魏時蠕蠕獨盛與魏爲敵蠕蠕滅而突厥起盡有西北地唐貞觀中李靖滅之五代及宋契丹復盛別部小者曰蒙古曰泰赤烏曰塔塔兒曰克列各據分地既而蒙古兼并有之先號韃靼後稱蒙古東抵兀良哈西連脫忽麻及撒爾馬罕北盡沙漠後入中國爲元明興克大都元帝走應昌死太子愛猷識理達臘北走稱帝傳脫

古思帖木兒依也先速迭兒尋爲所弑部落潰散洪武二十五年遣周興討也先速迭兒追至徹徹兒山大破之自是不敢近邊者十餘年永樂間有本雅失里者卒其下馬哈木阿魯台奉貢惟謹已而叛服不常上屢親征後阿魯台弑其主本雅失里而自立宣德初馬哈木攻殺阿魯台欲領部落人心不服乃求元之後脫脫不花立爲王居沙漠之北馬哈木子脫歡脫歡子也先居沙漠之西北兀剌正統初入掠大同宣府王振挾駕親征致有土木之難後脫脫不花

爲汱不丹所弑也先遂自立爲可汗荒酒色且殘忍部下離心哈剌求爲大師不許率部落二萬直趨也先所其故部曲三人在也先帳中拔劍殺也先有孛來猲王子殺哈剌求脱脱不花子立之爲小王子未幾弑之而大酋阿羅出等殺孛來立脱思爲王逎入套後阿羅出爲其黨叱加思蘭所殺而結元孽滿魯都入套又欲謀殺之代爲可汗滿魯都酋殺之并其衆外之滿魯都衰後有小王子稱把禿猛可王死阿反立其弟伯顏猛可有三子長阿爾倫次阿着次滿

官嗔太師亦不剌殺阿爾倫遁入西海西海之有寇自亦不剌始也阿着爲小王子子二長吉囊次俺答阿着死衆立阿爾倫之子卜赤稱亦克汗有衆七萬分五大營阿魯禿斯部營七四萬亦不剌後從吉囊滿官嗔部營八舊屬火篩後從俺答諸部吉囊俺答最強嘉靖十九年俺答入宣府二十年吉囊入大同二十五年入犯延安二十九年寇大同仇鸞重賂乃去遂自古北口入薊州犯都城直抵德勝西直門京師戒嚴仇鸞率勤王兵不敢擊私許通貢市乃大掠

而去隆慶後俺答歸順萬歷九年死其妻三娘子率子黃台吉表謝三娘子者俺答長女啞不害所生女也貌甚美麗已受襖兒聘俺答奪取之黃台吉臂偏短善用兵有精騎萬餘庶弟青台吉半之十一年黃台吉襲封更名乞慶哈先配五蘭比妓後受西僧紿納婦一百八人以象數珠俺答死黃台吉欲收三娘子三娘子嫌其老病將別屬總督鄭洛乃令人說曰汝歸王天朝以夫人封汝不歸一酋婦耳三娘子逼于利害乃歸之三娘子心慕中華不時欵塞黃台吉

死子扯力克嗣以兵收大成台吉那吉婦大成比妓爲妻三娘子名哈屯别築城居洛復諭扯力克曰娘子三世歸順汝能與娘子聚則封不然别有屬也扯力克盡逐諸妾入三娘子帳中合婚扯力克死長孫卜石兎嗣然遂弱而插漢虎墩兎獨強插漢本小王子裔至是與卜石兎搆釁屢寇邊崇禎三年虎墩兎就款六年其妻囊囊台户率衆三千人犯張家口其諸部中銀定歹青最桀鷙不馴屢犯甘肅寧夏永昌等堡小歹青犯遼陽塞遣猛克什力吉能輩亦時時

闌入延綏東路終明之世爲勍敵云其俗無城郭宮室隨水草牧放行則車爲舍止則氊爲廬挾其長技上下山谷往來聚散忽如風雨其輕生嗜利喜盜好殺天性然也

瓦剌

在甘肅肅州西嘉峪關外哈密之北數百里元之裔也明藍玉北征至捕魚兒海獲元主子地保奴安置琉球其大臣立坤帖木兒爲可汗而猛哥帖木兒爲瓦剌王建文三年死鬼力赤爲可汗阿魯台佐之鬼力赤非元種臣下不服而阿魯台與瓦剌馬哈

木世相仇殺亡何阿魯台弑鬼力赤立本雅失里爲可汗自爲太師永樂六年馬哈木等來歸遣人往諭本雅失里不報八年駕親征至斡難河本雅失里擁衆來戰上麾擊遁去次飛雲堡阿魯台列陣以待敗之過龍門西山勒銘而還十年馬哈木滅本雅失里阿魯台南竄明年駕北巡遂來降封和寧王馬哈木怨之遂不朝貢明年上親征馬哈木大敗之酋號哭遁去次年貢馬謝罪十五年死子脫歡嗣封順寧王自是瓦剌奉貢而阿魯台貳上屢親征宣德六年阿

魯台爲脫歡所敗走入兀良哈遂往牧遼東脫脫不花襲破之九年脫歡襲殺阿魯台立脫脫不花爲可汗以阿魯台衆屬之自爲丞相居漠北八年死子也先立勢益強而脫脫不花弱也先以妹妻之挾入朝貢也先氣益驕劫通事告以中國虛實也先遂語通事吾有子請婚南朝公主通事謾曰吾爲奏皇帝已許矣也先大喜誇諸部曰吾且進聘禮十四年遣使二千人來貢馬且曰聘禮也朝廷不知答詔不及和親事又中官王振裁其馬價也先慚怒遂謀大舉入

掠大同宣府諸塞遣將出禦敗績振遂挾駕親征有土木之難景泰初請和時脫脫不花與也先不相能治兵相攻敗奔兀良哈依沙不丹尋為所弒也先遂自立為可汗無何為哈剌所殺後事見蒙古

罕東　在甘肅甘州府西南漢屬燉煌郡唐建歸義軍迄宋朝貢洪武三十年酋長瑣南吉剌思入貢立罕東衛成化時困于土魯番而酋奄章遁居沙州今安西州燉煌縣部落日蕃其孫只克以沙州衛旣廢請即其地立罕東左衛從之宏治八年土魯番掠沙州

只克請救馬文升以失期不克自是土魯番每入寇假道罕東會令給食而亦不剌安定數掠其貲罕東益微

安定

在甘肅安西州燉煌縣南亦月氏地漢燉煌郡廣袤千里東至罕東北抵沙州無城郭氊帳爲廬明洪武初安定王卜烟帖木兒遣使來朝分其酋長爲四部曰阿端阿眞苦先帖里各賜印而卜烟帖木兒賜銀印仍稱安定王明年獻元所授金銀字牌因置安定阿端二衛分統四部亡何王爲曲先攻殺部落

潰散其孫亦攀丹復故封永樂中中使往西域道死于賊李英率兵至罕東問故言賊中使者安定曲先酋也英進擊安定俘斬千餘曲先遁去成化中爲土魯番殘破正德後迤北亦不剌據西海復破安定種人汪遷爾加等寄跡河州安插西寧而安定王苗裔無傳阿端久沒莫知其處

曲先

在甘肅甘州府西南東抵安定北距肅州亦月氏地漢張掖郡元置曲先答林元帥府明永樂初設衞以土人散西思爲指揮同知傾之爲朶兒只巴所

攻井入安定居阿真地成化初以土魯番及亦不刺侵掠部落走匿烏思藏而衛人牙木蘭刼于土魯番率衆擾哈密其兄脫歸聚收衛印部衆二百餘依帖木哥于沙州嘉靖七年牙木蘭來歸帖木哥從之詔安插江夏遂鬻田宅爲大賈而曲先故地盡失矣其地尙白喪易以青產珠珊瑚名馬硃砂

赤斤　在甘肅安西州去州一百八十里今燉煌縣亦月氏地漢燉煌酒泉唐沒吐蕃宋入西夏元爲瓜州明永樂初故元丞相苦朮子塔力尼率五百人來歸

設赤斤蒙古千户所以塔力尼爲千户尋升衛七年
擒叛寇老的罕來獻進指揮使正統間瓦剌強赤斤
與沙州罕東諸衛名內屬陰與市至受平章等秩畀
詰不能禁成化後土魯番陷哈密恣掠赤斤其酋東
徙肅州南山卯來河泉及迤北金塔寺正德十年土
魯番侵甘州掠赤斤人畜千計奪印去而種人散走
塞下衛遂虛其地有白山産金駝馬

兀良哈　在直隷永平府山海關外烏龍江南漁陽塞
北春秋山戎地漢爲烏桓元魏號庫莫奚西奚保嫣

州北山東奚駐琵琶洲元爲大寧路明洪武初割錦義建利諸州隸遼東今奉天府設都司于惠州領營興衛二十餘所所謂北平行都司也十四年封子權于大寧爲寧王二十一年故元遼王阿札失里及朶顏諸酋願内附詔以兀良哈地方三衛居之自錦義渡遼河至白雲山曰泰寧衛以阿札失里爲指揮使塔賓爲同知自黃泥窪踰鐵嶺至開原曰福餘衛以海撒兒答爲指揮同知自廣寧前屯歷喜峯近宣府曰朶顏衛以脫魯忽察兒爲指揮同知並給印俾領

東部落爲東北外藩朶顔最強三衛自遼薊抵宣府
幾三千里初爲本雅失里所脅冦邊後時附阿魯台
出沒塞下又糾也先入冦爲鄉導終明之世大爲邊
患其俗與蒙古同專逐水草喜剽刼叛服無常

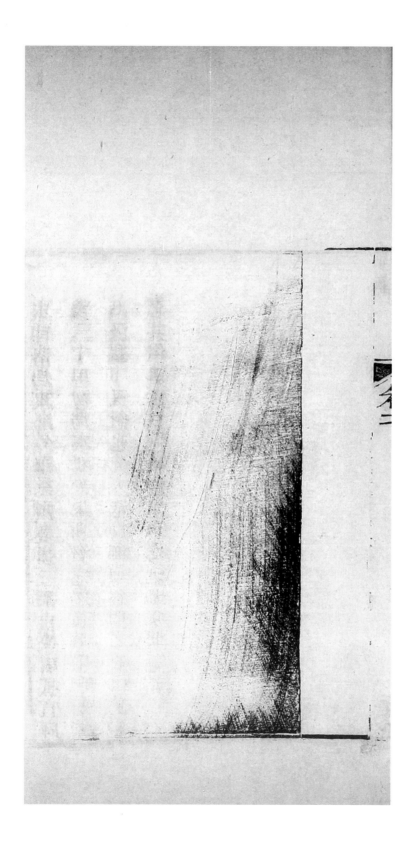

# 薄海番域録

古蕃三　　山左武定邵大緯星巖氏述

河套　三面阻黃河東至山西寧武府偏關縣偏頭關西至甘肅寧夏府相距二千里南至邊牆北至黃河遠者八九百里近者二三百里周之朔方漢之定襄土肥饒可耕桑夏赫連勃勃趙元昊所據勃勃于套延水之北黑水之南築城曰統萬唐築受降城在河套之北明正德以來寖失其險舍受降而衛東勝又撤東勝而就延綏險要既失綿遠難支河套遂爲虜

既脫巢穴其中按明初蒙古諸部遁河外居漠北延
綏無事正統後王驥兵次甘州申嚴號令河套以寧
然間一渡河守將王禎始築榆林城去河套三百里
劄沿邊一帶營堡墩臺二十四所調兵分戍景泰初
犯延慶不敢深入天順初也先為哈剌所殺有孛來
瘸王子殺哈剌求脫脫不花子立之號小王子未幾
弑之而大酋毛里孩阿羅出少師猛可皆與孛來相
仇遂殺孛來立小王子從兄脫思為王三酋始入河
套至是阿羅出掠邊境人為向導因知河套所在遂

盤踞出沒成化元年大入延綏項忠楊信禦却之四年阿羅出為其黨乩加思蘭所殺併其衆而結元孽滿魯都入套六年勅王越總關中軍務議搜河套九年滿魯都忽寇韋州越偵知其老弱盡行巢于紅盐池可取也乃與許寧周玉率輕騎晝夜三百里襲擊之斬級四百燒其廬帳而還賊相與悲泣渡河北去正德改元起楊一清總制銳志恢復疏上六事悉中機宜請復守東勝據河套水草之利逆瑾惡而罷之嘉靖初套騎二萬自井兒堡撤牆入固原平涼涇州

八年大掠榆林寧夏自是邊報無虛歲二十六年總制曾銑條上復套方畧十八事上褒賞命集議施行夏言力主之會嚴嵩與言有隙因災異疏陳銑開邊啟釁言表裏誤國仇鸞復詰之遂棄銑市並斬言天下冤之嗣後虜酋盤據其中滋其畜牧遂其生養目爲樂土矣一旦欲逐之出境虜肯袖手帖服空套以出乎於是終明之世不能收復云

哈達

盛京奉天府北哈達國萬汗姓納喇其國原名扈倫後建國于哈達地因名哈達乃吳喇貝勒始祖

納齊卜祿七代孫也其祖克習納都督爲族人巴代達爾漢所害萬奔席北部相近之綏哈城居焉其叔王住外蘭奔哈達王其部落後爲叛者所殺其子傅爾坤舍追殺其人以報父仇迎兄于綏哈城爲部主萬于是攻取附近諸部還者又招徠之其勢乃盛遂稱汗國號哈達其時葉赫烏喇輝發及滿洲之渾河部俱屬之萬爲人殘暴黷貨無厭羣下效尤抗害諸路以故所創基業即自敗其民多叛投葉赫先附諸國皆叛萬卒子扈爾干立八月卒弟康古魯立卒弟

孟格布祿繼之我
太祖高皇帝天命己亥年滅之盡服其屬城時明萬歷之
二十七年也

輝發

盛京奉天府北輝發國本姓益克得里原烏龍江岸尼馬察部人始祖昂古里星吉力自黑龍江載木主遷于渣魯居焉有扈倫人噶揚噶圖墨土姓納喇氏居於張他因附其姓宰七牛祭天改姓納喇星吉力生子二長留臣次備臣備臣生納領噶耐寬納領生拉哈都督拉哈都督生噶哈禪都督噶哈禪都

督生齊納根達爾漢齊納根達爾漢生王機砮王機
砮招服輝發諸部于輝發河邉扈爾奇山築城居之
因名輝發其時蒙古察哈爾查達克圖土門汗自將
圍其城不克而還王機砮貝勒卒孫拜音達里殺其
叔父七人自爲貝勒天命丁未年滅之

## 烏喇

盛京奉天府東北烏喇國本名扈倫姓納喇後
因建國烏喇河岸故改名始祖名納齊卜祿生商堅
朶爾和齊商堅朶爾和齊生加麻喀碩朱古加麻喀
碩朱古生綏屯綏屯生都爾機都爾機生子二長克

習納都督次古對朱顏克習納生轍轍木轍轍木生
萬古對朱顏生大蘭大蘭生布顏布顏盡服烏喇諸
部築城于烏喇河岸洪尼地自稱貝勒生子二長布
干次傳克多布顏卒子布干立卒子滿太立至滿太
弟布占泰天命癸丑年滅

葉赫　盛京奉天府北葉赫始祖蒙古人姓土默特初
滅扈倫國所居張他之納喇姓部遂據其地冐姓納
喇後遷葉赫河岸建國名始祖星根達爾漢生席爾
克明噶圖席爾克明噶圖生齊生噶尼齊生噶尼生

褚孔格褚孔格生太杵太杵生子二長青佳砮次楊吉砮兄弟綏服葉赫諸部各居一城哈達國人多歸之青佳砮楊吉砮皆稱貝勒明萬歷十二年寧遠伯李成梁受哈達賂誘青佳砮楊吉砮至開原殺之青佳砮子布寨楊吉砮子納林布祿各繼父爲貝勒成梁屢攻之不克及納林布祿弟金台吉布寨子布揚古嗣爲貝勒天命四年己未亡

## 西藏

四川雅州府西南古曰烏思藏即唐古忒前藏名曰布達拉距京師萬里乃坤維極遠之地天文入

井三十度四時覯北斗衹見其半南極出地十六度
唐高宗以宗女文成公主妻其國王始封爲海西郡
王康熙五十九年平定西藏
敕封康濟鼐爲貝勒阿爾布爲貝子隆部鼐爲公頗羅鼐
以軍功叠邀
恩命封至郡王領藏事子孫世襲焉乾隆十五年謀逆伏
誅藏王之爵遂除
高宗以其地
賜達賴刺嘛管轄以後藏屬班禪額爾德尼佛管轄國人

酷信佛法自收封後頗稱寧謐班禪住札什倫布距
前藏一千餘里乾隆四十五年入覲
賜四體字玉册玉印五十九年仍還札什倫布駐錫其地
與廓爾喀接壤故貿易多西洋貨物行使銀錢每枚
每一錢五分五十八年奏准在藏設局鼓鑄
賜名寶藏局四川總督派員往董其事面鑄乾隆藏寶四
字

金川

金川僻在四川省城西南隅爲漢冉駹外徼隋
置金川縣唐屬維州今茂州雜谷廳也至明隸雜谷

安撫司西北通甘肅同部西南控三藏其地高峯揷天層疊廻複中有大河用皮船笮橋通往來山深氣寒多雨雪所種惟青稞蕎麥其番民皆築石碉以居與綽斯甲布等九土司壤相錯康熙五年其土司嘉勒塔爾巴內附給演化禪師印俾領其衆後其庶孫莎羅奔以土舍率兵從岳鍾琪征羊峝有功授爲安撫司莎羅奔既得官號自稱大金川以舊土司澤旺爲小金川於是有大小兩金川之稱金川原名促浸噶拉依爲其巢穴舊官寨在勒烏圍小金川原名儹

拉美諾為其巢穴今析促浸為綏靖崇化二屯析贊拉為懋功撫邊章谷三屯自灌縣至金川有兩道一由汶川之桃關出口為大道塘汛外百里無人烟銀餉所經一由汶川之牛頭山出卧龍關為小道商賈奔走絡繹不絕然每至一程居民歇店僅有數十家常有絕糧患往年征金川時進兵分五道一由灌縣至懋功為東路一由打箭爐至章谷為南路一由雜谷至撫邊為西路一由綽斯甲布至綏靖為北路一由木坪至鄂克什為中路初兩金川有夙怨不甚聯

絡劃控卡山梁爲界後金川日強遂越控卡佔踞小金川之大牛廠小金川畏之退保小牛廠小金川本恃控卡爲保障至是滋懼遣使卑詞厚幣結婚姻爲脣齒國莎羅奔尋以女阿扣妻澤旺澤旺懦爲妻所制乾隆十一年莎羅奔刼澤旺歸奪其印總督慶復檄諭始還澤旺于故地十一年又攻革布什咱及明正土司巡撫紀山遣將彈治不奉約反傷我官兵奏請進勦

上以黔督張廣泗征苗有功調川督用兵大學士公訥親

往視師將相不和致僨事
命大學士傅恒往經畧至則斬良爾吉阿扣斷賊內應刻
期進勦是時莎羅奔居勒烏圍其兄子郎卡居噶拉
依懼請降
上受之遂罷兵無何郎卡主土司事不數年漸狂悖二十
三年逐革布什咱土官及澤旺之子僧格桑于吉地
又數侵境不已未幾轉以女妻僧格桑兩金川由是
狼狽爲奸矣澤旺老且病事皆歸僧格桑已而郎卡
死其子索諾木益凶狡與僧格桑相勾結三十六年

索諾木計殺革布什咱土官並擄其妻僧格桑再攻
鄂克什侵及明正土司當事遣兵護鄂克什僧格桑
遂與官兵戰事聞
上以前此出師本以救小金川今小金川反肆逆罪不可
赦乃
命溫福桂林赴蜀共討賊美諾既克巢穴掃平逆酋僧格
桑逃匿金川遂與金川鈎聯一氣潛召降番爲內應
外合計致有木果木之失
上乃授阿桂爲定西將軍豐昇額明亮爲副將軍分三路

進兵四十年十二月十七日大軍過噶拉依索諾木之母阿倉姑阿青及其姊妹皆來降知索諾木滋羅奔並造謀之頭人丹巴沃雜爾皆在圍中甚諸賊稔惡已極故天使之羣聚一隅使我得一網盡之無遺漏也時大兵合圍立栅周數里無一罅可竄出密如網又鑄大礮轟擊連日夜不止礮所著輒洞牆壁數重復斷水道以困之索諾木益惶窘使其兄岡達克及朔諾穆彭楚克先詣營乞哀索諾木復懼死不敢出四十一年正月岡達克遣人往諭仍稱病堅匿碉

中我軍攻益急二月四日計窮乃率莎羅奔甲爾瓦沃雜爾斯巴丹及其妻並兩大頭人丹巴沃雜爾阿木魯等挈大小頭目及番衆二千餘人出寨捧印跪獻軍門金川平先是賊勢蹙揚言寨破當舉家自焚死至是竟無一自戕者悉就俘大功告成

御製碑文四篇一刻太學一刻美諾一刻勒烏圍一刻噶拉依設鎮安營駐官兵鎮金川地復定各土司分年入覲例自此各番畏威懷德保寨守遐西南陲永乂寧謐億萬年長享太平定于此矣

## 臺灣

今福建臺灣府自古不隸中國文獻通考云泉州之東有島曰澎湖澎湖旁有毘舍耶國蓋即是也明嘉靖中海賊林道乾爲俞大猷所逐遁入臺臺皆土番道乾不樂居其地殺番取其血固舟人占城天啟中有奸民顏思齊引日本倭據之鄭芝龍附焉遂爲巢穴芝龍泉人也侵漳而不侵泉故漳人議剿而泉人議撫兩郡相持久不決寇愈横上爲之逮治巡撫朱一馮舊撫朱欽相總鎮俞咨皐等已而芝龍悔禍崇禎元年就撫于兩廣總督熊文燦以其地僦荷

蘭紅毛夷我
朝順治初大兵下閩芝龍降其子成功不從據金門廈
門諸島屢為患十六年自江南敗歸十八年夏遂襲
取臺灣時荷蘭固守不肯下成功告之曰此地本先
人故物我欲得之耳金帛悉以歸汝荷蘭乃携貨去
成功名臺灣曰東都設天興萬年二縣康熙元年成
功死子錦襲改東都為東寧縣為州其地肥饒穀歲
三熟閩粵人爭趨之日富庶錦據以擾沿海地無寧
歲二十年錦卒子克塽襲偽將軍劉國軒鎮澎湖二

十二年我靖海將軍施琅克澎湖克塽國軒降乃
臺灣府及臺灣鳳山諸羅三縣其地東倚山西傍海
北自雞籠山對峙福州之白犬洋南自沙馬崎對峙
漳之銅山延綿二千八百里西南一片沃野自海至
山淺濶相均約百里西東穿山至海約四五百里[illegible]
巒疊巘皆生番所居打鹿爲食不隸版籍也六十年
奸民朱一貴倡亂郡縣皆失一貴稱義王僭號永和
閩督滿保遣提督施世標總兵藍廷珍以萬七千兵
入平之俘一貴雍正元年以諸羅北境遼濶增設彰

化縣及北淡水同知六十餘年以來地大物奢俗日益淫侈奸宄因芽蘖其間乾隆五十一年彰化有林爽文者恃其所居大里杙地險族繁閩廣間故有所謂天地會者爲奸徒結黨名目爽文借以糾約羣不逞之徒嘯聚將起事太守孫景燧等至彰化率兵往捕不敢入諭村民擒獻否則村且燬先焚數小村怵之被焚者實無辜也爽文遂因民之怨集衆夜攻營全軍盡沒時十一月二十七日也明日賊乘勢陷彰化十二月六日又陷諸羅鳳山有莊大田者亦盜魁

乘亂起十三日陷縣城惟府城有總兵柴大紀等固
守賊屢攻不能破而彰化之鹿港賊已遣僞官來監
稅有泉民林湊等起義擒之是以府城鹿港兩海口
未失諸羅爲南北之中大紀復諸羅遂守之爽文必
欲陷之五十二年自六月中攻圍連日夕不止大紀
與諸羅士民拒守凡百餘戰幸皆不大衂然已饑疲
不能支孤城將旦夕陷矣
上以諸羅被圍久特改名嘉義以旌士民即調陝督福康
安爲將軍及內大臣海蘭察來統兵十一月八日福

將軍起行賊方列拒于崙仔頂海蘭察發矢殪十餘賊賊即披靡笑曰此一羣犬耳何畏遂麾兵入沿路復擊殺賊之伺隙者至牛稠山再敗之即以是日抵嘉義城中有山名小半天者四面陡絶賊遁而聚此十八日又克之遂遁歸大里杙巳築土城頗堅二十四日官兵至賊猶數萬出拒退而復集者數既夕我兵伏溝坎間賊萬炬來索戰我兵在暗不能見而我兵視賊則歷歷可數發槍箭無不[illegible]自知失計遂滅火復擊鼓來攻我兵又從鼓聲[illegible]

之殺死無算黎明遂克其城爽文已攜孥走據守集
集埔其所預營扼險處也十二月五日官兵騰而上
殺千餘人於是賊黨皆潰爽文先匿其孥于番社惟
與死黨數十人竄窮谷叢箐中十三日先獲其孥五
十三年正月四月爽文潛出覓食遂擒之而莊大田
雖與爽文同逆又各自號召不下乘官兵未南益焚
掠聚糧爲旅拒計已又思出降計未定而將軍已于
十六日至牛莊大田倉猝出拒敗而走連蹴之于大
武隴大目埒南潭中洲大小岡山水底寮連戰皆捷

極南有地名郎嶠者負山臨海最遼阻大田力不支與其黨潛匿焉將軍先遣水師由海道繞而截之于水自以大兵環山圍之賊衝突不得出陣殺者數千溺海者數千擒而戮者亦千餘大田亦就獲臺灣平

打箭鑪　在四川成都府西南九百二十里相傳諸葛武侯南征遣偏將郭達造箭于此山脊中有郭達廟極著靈應土人敬奉維虔天文分野井鬼之域為中華之極西西域之極東天時多寒少許層巒峻嶺峭壁懸崖中隔通河形勢險峻

國朝添設軍糧廳分駐鑪城專司夷務兼理五臺糧運

明正土司甲克木參同駐于此轄十二鍋莊約束新

附土司乾隆丙午

敕建惠遠廟于以四山麓金碧輝映光照山谷番民所居

碉樓亦極宏壯鑪定橋在飛越嶺西南六詔孔道橋

跨兩山間瀘水經其下不施梁柱鎔鐵鍊爲橋每鍊

重二千四百斤長二十四丈有奇濶六尺以九鍊爲

橋身四鍊爲護欄欄穿小鍊如乇字形畧鋪薄板以

濟行人每板離尺許滿則恐爲狂風鼓盪兩崖埋鐵

栫四横木以縮鐵鍊每栫鐫鍊桯斤重每桯重四萬八千斤天全州有王姓者世業鍛能懸鑪于鍊鼓韝施鎚名曰飛火遇有損壞輙召令與修他姓不能也

按打箭鑪故旄牛徼外地也旄牛今雅州府清溪縣自雅州西去五百九十里至大渡河五月程羌蠻混雜連山接野烏路沿空漢永平中白狼槃木唐菆等百餘國舉踵奉貢越山坂負襁而至皆此種類蜀漢時武侯征孟獲于此造箭因名打箭鑪唐韋皋拒吐番李德裕拒南詔皆扼大渡河爲險要宋建隆三年

王全斌平蜀議欲因兵威復越嶲藝祖以玉斧畫所繪圖曰外此吾不有也于是爲黎雅之極邊曩時河道平廣可通漕舟自玉斧畫河之後河之中流忽陷五六十丈河流至此澎湃如瀑從空而落舂撞號怒船筏不通名曰噎口殆天設險以限羌蠻也元明時番人俱于此地互易茶馬自明末流寇之變商民避兵過河挾茶貿易而烏斯藏亦適有喇嘛到鑪彼此交易漢番襍處于是有坐鑪之營官管束往來貿易諸番我

朝定鼎德威所播直通西域打箭鑪一區盡入幅員矣

香山墺　在廣東廣州府香山縣大海中即墺門忽起一石硬廣十餘丈長六里許首尾相屬不斷如蓮之有莖中途甕城名關閘險之祗墺門則如蓮葯番人依山築城廣袤四五里三面皆臨巨浸惟北通地脉一莖耳海中諸峯包裹前十里爲十字門如兩眉橫列而鈌其正中又南十里爲小橫琴寨溢口又南稍折西爲大琴重案也番人之停泊必于灣湾之所在即名澳香山故有澳名浪白諸番互市其中而今之

墺門則舊名濠鏡地有南北二灣明萬歷中有大西洋人至此樂之遂請濠鏡爲澳而就二灣停泊久之益自彼國遣衆聚居歲輸稅五百金我

朝除之番人安其業者已數世所居率依山爲樓三層方者圓者三角者六角八角者俱爲螺旋形以入其教曰天主其寺曰三吧高十餘丈于屋側啟門户石作雕鏤金碧照耀寺僧曰法王以時集男女禮拜其所奉曰天母名瑪利啞抱一嬰兒曰天主爲耶穌被服珍怪障以琉璃望之毛髮生動云漢哀帝時人也

寺有風琴銅絃彈之以和經唄並管簫諸樂器藏機
木柜聯以絲繩輪牙相錯一人轉機則諸音並奏有
定時台巨鐘覆其上立飛仙台隅爲擊撞形亦以機
轉之按時發響起子末一聲至午初十二聲復起午
末一聲至子初十二聲晝夜循環無少爽前揭圜槃
書十二辰俟某時鐘動則蟾蜍移籌指某位有千里
鏡番人持之登高以望舶械杖颿檣可矚三十里外
又有玻璃千人鏡多寶鏡顯微鏡小自鳴鐘自行表
以及海洋全圖璇璣諸器皆極工巧其人昂鼻蜷髮

目深碧不眴貴女而賤男晝卧而夜起男有黑白二種白者貴黑者爲奴腰佩長刀著地尺許間有握赤藤者則甚貴㙜中四人而已㙜中有議事亭番目四人受命于其國更番董市事凡市經四人議衆莫敢違其行賈之地曰馬西以中國絲帛白鉛易胡椒檀香蘇木以歸且與馬西約不得以所產市他國康熙辛未馬西背約私與他國市㙜人怒駕舶往所市之國責之馬西患之遂相仇殺死者三百餘人市道中絕稍西曰小西洋去中國萬里半年始至所產有碧

琉璃諸器極西曰大西洋去中國九萬里三年始至往者以其太遠祇就旁島遷販未嘗親至其地也

陸疆　在直隸易州漢書年表景帝封匈奴降王陸彊爲遒侯今縣北一里故遒城是按道今淶水縣廢淶水縣在州北四十二里

盧它父　在直隸保定府容城縣南四十里有渾埿城漢景帝改爲亞谷城封東胡降王盧它父爲亞谷侯在此

昆邪王　在甘肅肅州及甘州府昔月氐之地爲匈奴

所滅匈奴令休屠昆邪王守之漢武帝時昆邪王以
衆來降以其地爲張掖酒泉郡按郡即羌人通譯之
路入月氏大夏皆由此

渾邪王　今甘肅安西州燉煌縣本匈奴渾邪王分地
漢元鼎六年置燉煌郡

休屠王　今甘肅涼州府本匈奴休屠王地休屠敗漢
元狩二年置武威郡金日磾其太子也

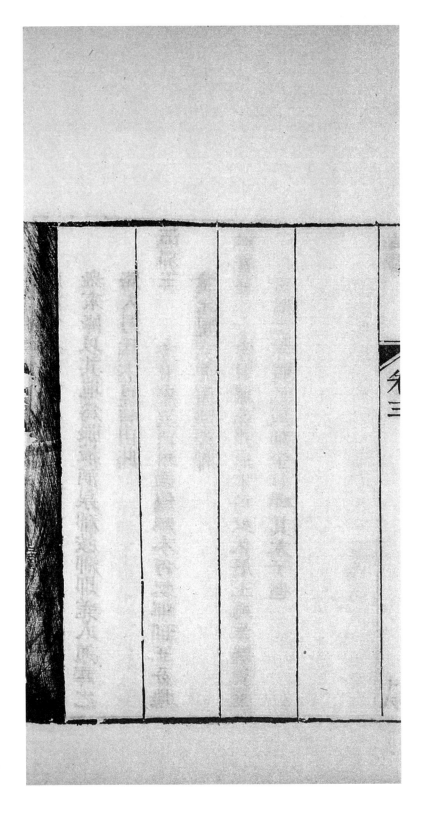

# 薄海番域錄

## 蠻部一　　山左武定邵大緯星巖氏述

渤海大氏　在燕州今直隸永平府撫寧縣置守在幽州幽都縣今順天府宛平領靺鞨本粟末靺鞨種也稱渤海大氏隋北番風俗記初開皇中粟末靺鞨與高麗戰不勝有厥稽部渠長突地稽首者率忽賜來部窟突始部越稽豪部越羽部步護賴部破奚部步步括利部凡八部勝兵數千人自扶餘城西北今開原舉部落向關內附處之於營州柳城即撫寧煬帝

八年爲置遼西郡並置遼西懷遠盧河三縣以統之以突厥稽爲太守理營州東二百里汝羅城亦撫寧境後遭邊寇侵掠又寄理于營州城内即撫寧城唐武德二年改遼西郡爲燕州仍置總管六年自營州徙居幽州城内今宛平歷代襲爲燕州刺史建中初爲朱滔所破尋滅按寰宇記自燕州以下有十七州皆東北蕃降胡散處營州幽州界内以州名羈縻之無所役屬安祿山之亂一切驅之爲寇遂擾中原至德之後入據河朔其部落之名無存爲者今記唐天

實之故跡地理于左威州隸幽州大都督所領凡契
丹內稽部落愼州初隸營州領涑沫靺鞨烏素固部
落後隸幽州歸順州置爲契丹松漠府彈汗州部落
元州處契丹李去閭部落隸幽州崇州處奚可汗部
落隸營州都督尼賓州處靺鞨愁思嶺部落初隸營
州後隸幽州師州領契丹室韋部落初隸營州改隸
幽州鮮州分饒樂郡都督府奚部落隸營州後改幽
州帶州處契丹乙失革部落隸營州後改幽州黎州
處浮渝靺鞨烏素固部落隸營州沃州處契丹松漠

部落隸營州改幽州昌州領契丹松漠部落隸幽州歸義州處海外新羅隸幽州瑞州處突厥烏突汗達于部落隸幽州信州處契丹失活部落隸幽州

室韋靺鞨　在營州柳城縣北今錦州府寧遠州後魏末通焉西北與奚接界北與契丹接界按隋書室韋有五部並無君長人衆貧弱突厥沙鉢畧可汗嘗以吐屯蕃涖統領之契丹之别種也南室韋在契丹北三千里又北行十一日至北室韋鉢室韋在北室韋之北深末怛室韋在北室韋之西北大室韋在建河

之南深末怛室韋之西北也按後魏書自契丹路經啜水蓋犢子山其山周廻三百里又經屈利水兩水始到其國北室韋分爲九部落其渠帥號乞莫賀咄氣候最寒冬則入山居土穴中牛畜多凍死又北行千里至鉢室韋依胡布山而住人衆多于北室韋不知爲幾部落用樺皮蓋屋餘同北室韋從鉢室韋西四日行至深末怛室韋因水爲號也冬月穴居以避太陰之氣又西北數千里至大室韋經路險阻言語不同尤多貂鼠青鼠北室韋後魏及隋並朝貢有九

部焉所謂嶺西室韋北室韋黄頭室韋大如者室韋小如者室韋訥婆萵室韋訥北室韋駱駝室韋並在柳城郡之東北近者三千五百里遠者六千二百里

延陀部落　寄寧朔縣今陝西榆林府榆林舊置達渾都督府管小州五姑衍州步訖若州嵠彈州鶻州低栗州户一百二十七

畧陽氏　在興州今陝西漢中府畧陽縣戰國爲白馬氐之東境漢武帝以白馬氐分置武都郡今甘肅階州縣即武都郡之沮縣也晉永嘉末氐人楊茂搜自

號氏王據武都自後郡縣荒廢而茂搜子孫承嗣爲氏王其後楊難當又據下辨今階州成縣自稱大秦王弟伯宜爲茄蘆王伯宜孫鼠分王武興即今縣理是也楊鼠既王武興又得武都河池二縣之地鼠子集始稱藩于後魏後復叛魏遂廢武興爲藩鎮

鳳州氏　在鳳州今陝西漢中府鳳縣其地本氐羌所居漢建安中有楊騰爲部落大帥騰子駒勇健多計畧始居仇池今甘肅秦州徽縣一名仇池玉京武帝封楊盛爲武都王其子元及難當亦相繼爲王文帝

元嘉十八年難當傾國入寇規有蜀土遣裴方明討之難當奔後魏太平真君二年拓定仇池于此城立鎮

汶州氐　今甘肅階州文縣周雍州之境戰國時氐羌據焉漢武帝開西南夷置陰平道凡邑有蠻夷曰道永嘉之後羌虜楊茂搜據此郡自後不為正朔所頒南史謂志悉無錄土風習俗半襍氐羌婚娶頗參中土

月氏　在鄯州湟水縣今甘肅西寧府碾伯寨字記湟

中月氏其先大月氏之别也舊在張掖酒泉地月氏王爲匈奴冐頓所殺餘種分散西踰葱嶺其羸弱者南入山依諸羌居及霍去病破匈奴取西河地開湟中縣築令居塞即此以其地屬金城郡今蘭州于是月氏來降與漢人錯居雖依附縣官而首施兩端亦以父名母姓爲種落大種有七勝兵合九千餘人分居湟中

西羌　在會州會寧縣今甘肅蘭州府靖遠禹貢雍州之域古西羌地

五部羌　在甘肅階州本漢氐羌地置武都郡後魏平
仇池羌屬改石門縣郡國志武都沮水之西有角弩
谷即姜維勦五部氐羌之所

河曲羌　在姑臧今甘肅凉州府武威縣即西戎之地
禹貢謂析支渠搜西戎即敘析支在大宛之北即今
郡也六國至秦爲月氏居焉地理志西羌者自賜支
以西賓河首左右居今河關西可千餘里有河曲羌
謂之賜支即古析支

宕昌羌　在宕州今甘肅鞏昌府岷州秦漢魏晋諸羌

處之亦三苗之裔與先零燒當罕开諸部姓別自立酋帥皆有地分不相統攝宕昌其一也後魏招撫四夷統有其地後魏晉梁彌忽者宕昌羌也其先常爲羌豪祖勤自稱宕昌王彌忽世祖時表求内附世祖嘉之拜彌忽爲宕昌王其後遂相傳襲稱藩于魏因封其地爲宕昌蕃俗無文字但候草木榮落以記歲時

廓州羌　在廓州今甘肅西寧府西寧縣自春秋至漢初亦西羌地漢宣帝時諸羌數叛趙充國屯隴西諸

羌不敢動撥後漢段熲傳延熹二年燒當燒何當煎勒姐等八種羌寇隴西金塞追討南渡河大破之至永康元年諸羌復反熲又追及大破之西羌于是弭定建安中分金城置西平郡此地即西平南界

爰劍羌　在松州今四川龍安府松潘廳爰劍諸羌居焉後漢書西羌傳西羌之本出自三苗蓋姜姓之別其國近南岳及舜流四凶徙之三危今河關之西南羌地是也濱于賜支至于河首綿地千里賜支者禹貢所謂析支者也王政修則臣附德教失則寇亂本

無君長夏末及商周之際或從侯伯征伐有功天子爵之以爲蕃服羌無弋爰劍者秦厲公時爲秦所執以爲奴隷未詳爰劍何戎之別也後得亡歸與劓女遇合于野遂成夫婦女恥其狀被髮覆面羌人因以爲俗遂居亡入三河間今甘肅蘭州鞏昌二府之西南衆羌共畏事之推以爲豪湟河間羌人謂奴爲無弋以爰劍嘗爲奴隷因名其後世世爲豪秦穆公時爰劍曾孫忍將其種人南出賜支河其後子孫各自爲種或爲氂牛種越嶲羌是也或爲白馬種廣漢羌

是也或爲參狼種武都羌是也至爰劍曾孫忍及弟舞獨留湟中忍生子研故羌中號其後爲研種漢景帝時研種留何求守隴西塞于是徙留何等于狄道安置及武帝西逐諸羌乃渡河湟築令居塞始置護羌校尉從爰劍種五世至研研最豪健以研爲種號十三世至燒當復豪健其子孫更以燒當爲種號滇良者燒當之元孫時王莽末四夷內侵及莽敗衆羌還據西海光武復置護羌校尉自燒當至滇良世居河北大允谷種小人貧而先零卑湳並皆強富數侵

犯之滇良父子積怨從大渝中掩擊先零卑湳大破之掠取財畜奪居其地大小渝中由是始強滇良子滇吾立部落轉盛嘗雄諸羌在晉內附後爲西魏所有

隴西羌　今甘肅鞏昌府隴西縣漢明帝時金城隴西羌反于臨洮今岷州道險車騎不得方軌馬援設奇兵破之築索西城以屯戍軍士

疊州羌　在疊州今甘肅階州文縣歷代爲諸羌所據周建德六年西逐諸戎始有其地

葱婼羌　在甘肅安西州燉煌縣西西域之南山中從婼羌西至葱嶺有月氐餘種葱茈羌白馬羌黄牛羌各有酋豪其黄牛羌種類孕身六月而生南與白馬羌鄰並魏時聞焉按梁載言記云婼羌王號去胡來王土地十三州志云婼羌國濱帶南山西有葱嶺餘種或虜或羌戶口甚多也在古不立君臣無分長幼強則分種爲酋豪弱則爲人附落更相抄暴以力爲雄

黨項羌　古析支之地今甘肅涼州府武威縣漢西羌

之別種晉魏巳降西羌微弱周滅宕昌鄧至之後党項始強南襍眷桑迷桑等羌北連吐谷渾其種每姓自別爲部落一姓之中復分爲一小部落大者萬餘騎小者數千騎不相統一有細封氏費聽氏姓利氏頗超氏野律氏房當氏米禽氏拓拔氏而拓拔最爲強族唐貞觀間遣使開其河曲地爲六十州內附者三千萬口有羌酋拓拔赤辭者甚爲渾王伏允所暱與之結婚屢抗官軍後與其從孫子頭並率服以松州都督府羈縻存撫之今四川龍安府松潘廳賜姓

李自是從河首積石以來並無中國之地後吐蕃強盛拓拔漸爲所逼請內徙始移部落于慶州今慶陽府又有黑党項在赤水之西首領號熟善王其雪山党項姓破丑氏在雪山之下唐貞觀初皆來朝貢又有白狗舂桑白蘭等諸羌自龍朔以後並爲吐蕃所破而服屬焉其人多壽年至百五六十歲無文字但候草木以紀歲時其後居慶者號爲東山部落居夏州者號爲平夏部落按夏州今陝西榆林府懷遠縣漢之朔方縣也舊置雲中都督府有部落在朔方縣

界管小州五合利州思壁州阿史那州綽部州白登州户一千四百三十又呼延州都督府党項部落亦寄朔方縣界管小州三賀魯州那言州跌跌州户一百五十五

鄧至羌　在甘肅鞏昌府岷州南羌之别種也後魏時興焉有像舒治者世爲白水酋因地名號自稱鄧至王自舒治至十世孫舒彭附于後魏文帝封甘松縣子又數世西魏恭帝初其子檐術因亂來奔周文帝遣兵送還自後無聞

湟中羌　在鄯州湟水縣今甘肅西寧府碾伯古西戎地按西羌傳無弋爰劍者爲秦所執後藏于巖穴中秦人焚之有景象如虎爲其蔽火得免遂亡入三河間諸羌以爲神共畏事之推爲豪至爰劍曾孫忍季父卬畏秦人之威遂得其部落而南出賜支河曲西數千里與衆羌絕遠不復交通子孫分別各自爲種忍及弟舞獨留湟中忍生九種舞生十七種羌之興從此起矣其俗全是吐谷渾可汗子孫其先是狼種今旌旗皆有狼形備衞人亦稱附離即彼謂狼也夷

言謂左衽射袴不開襠爲寒故也

白水羌　在松州嘉誠縣今四川龍安府松潘廳後魏時白水羌像舒理者常爲羌豪據此城自稱鄧至王至舒彭內附拜龍驤將軍及關中亂乃絶後魏末平鄧至蕃始統有其地按唐天寶十二年松州都督府一百十四州其二十五州有額戶口多但羈縻逃散餘七十九州皆生羌部落或臣或否無州縣戶口但羈縻之而已

臨塗羌　在四川茂州唐武德元年歸附置羈縻塗州

又貞觀五年生羌歸附置炎州向州冉州穹州又西羌首領董凋貞歸化置徹州七年白狗羌降附置筰州皆屬茂州都督永徽後又析爲三十一州

霸州羌　在覊縻霸州今四川茂州襍谷廳境内唐天寶元年因招附生羌置靜戎郡便以羌附首董嘉俊爲刺史領七部族把蕃卓子孫相承不絶乾元間歲

霸州部族男兒氊帽青毛爲衫袴緋毛爲襴胡盧[illegible]婦人帶草綾二尺如扇子用竹作扇骨衣青毛衫[illegible]着青毛裙不着褲

白狗羌　在維州今四川茂州雜谷廳漢以前本徼羌冉駹之别種蜀漢後主時姜維馬忠督將軍張嶷北討汶山叛羌即此地有勝兵一千與會州連接今甘肅蘭州府靖遠縣與白蘭俱唐初朝貢武德七年白狗羌酋鄧賢佐内附乃于姜維壘置維州貞觀元年賢佐叛罷郡縣三年左上封生羌酋董屈占等舉族表請置吏因復置維州顯慶中白蘭爲吐蕃所併收其兵以爲軍鋒貞元中王陁羅護又與安國等詣劍南西川節度使韋皐内附詔授護大常卿兼保州司

馬後子孫承襲其爵

粟亭羌　在成州粟亭縣今甘肅階州成縣有廢上祿縣宋分西山五羌爲十二部由是郡邑成焉

五溪蠻　在湖南辰州府水經注武陵有五溪謂雄溪樠溪酉溪潕溪辰溪也皆蠻夷子孫所居謂之五溪蠻元和志辰州蠻戎所居其人皆槃瓠子孫或曰巴子兄弟立爲五溪之長在酉溪在州西次南武溪次南沅溪次南辰溪次東南熊溪次東南朗溪其熊朗二溪與水經注雖不同推其次第相當則五溪盡在

今辰州界也按土俗雄作能樠作朗潕作武後漢書高辛氏有畜犬曰槃瓠帝妻以女有子十二人皆賜名山廣澤其後滋蔓今長沙武陵是也光武時尤盛其渠帥精夫相單程等據險爲寇精夫蠻爲渠帥者也遣劉尚發兵萬餘人泝沅水入武陵擊之今瀘溪縣山深水急舟船不得上蠻緣路邀戰漢軍皆没後遣伏波將軍馬援等至臨沅擊破之其單程等悉降蠻平按太平寰宇記謂五溪蠻在四川酉陽州彭水縣謂酉辰巫武沅等五溪相傳楚子滅巴巴子兄弟

五人流入五溪各為一溪之長一謂五溪蠻皆槃瓠子孫自為統長故有五溪之名古謂之蠻蜒聚落按槃瓠廟在瀘溪縣西一百八十里武山

沔中蠻　在湖北漢陽府沔陽州漢為南郡地光武二十三年南郡潳山蠻雷遷等始反叛武威將軍劉尚討破之徙其種七千餘口置江夏界中其後沔中蠻是也廩君之裔按漢之江夏郡今竟陵富水安陸齊安漢陽江夏蘄春郡地

板楯蠻　在巴郡今四川重慶府即賨人族人之類也

其渠帥羅樸督鄂度夕襲七姓不輸租稅餘户乃歲入錢口四十巴人呼賦爲賨謂之賨人焉世號爲板楯蠻漢靈帝時叛詔赦之自巴西之宕渠遷于漢中楊車坂抄掠行旅號爲楊車巴魏武尅漢中李持祖將五百家歸之後又遷于畧陽北復之爲巴氏

黔州蠻　在黔州今四川酉陽州歷古蠻夷之地左傳庸人率羣蠻叛楚即其地武陵五溪蠻之西界也隷居溪洞其性獷悍其風淫祀禮法之道固不知之

西陽蠻　在湖北黃州府黃岡縣宋孝武大明中西陽

蠻皆反叛沈慶之率江雍荆河州諸軍討破之明帝順帝時尤甚雖遣兵攻討終不能禁荆州爲之虛

西溪蠻　在湖南常德府武陵縣齊高帝時武陵西溪蠻田思飄及武帝永明初黔陽蠻田豆渠湘州蠻陳雙李答並掠州郡討平之當南北之時淮汝江淮間諸蠻渠帥互有所屬皆授封爵焉然叛服無常雖屢經破敗而寇擾不止後周武帝詔陸騰討之蠻衆大潰斬首萬餘級乃收其骸骨于水邏城側築爲京觀後蠻蜒望見輒大哭自此狼戾之心輟矣按後漢書

其在黔中五溪長沙間者則爲盤瓠之後其在峽中
巴梁間者則爲廩君之後其後衆種繁盛侵擾州郡
或移徙交裸亦不得詳別焉

牂柯蠻　在貴州貴陽府貴筑縣渠帥謝氏舊臣中國
世爲本土牧守隋末大亂遂絶唐貞觀三年其酋長
謝龍羽遣使朝賀授爲牂柯刺史封夜郎公勝兵戰
士數萬于是列其地爲牂州爲黔州羈縻州即今省
治後爲正郡又有充州蠻乃牂柯別部與牂柯隣境
有勝兵二萬亦爲黔州羈縻州黔州今四川酉陽州

彭水縣

夷州蠻　在夷州今貴州石阡府古外蠻夷荒徼之地漢爲牂柯郡地歷代恃險不聞臣附隋大業七年始招慰置綏陽縣今龍泉縣也風同黔中而蠻夷之俗頗有不同

濮落蠻　在雲南楚雄府鎮南州唐時濮落蠻之所居地也

烏麼蠻　在雲南臨安府建水縣及石屏州唐時烏麼蠻所居地

烏白蠻　在雲南雲南府安寧州唐武德初置後烏白
蠻遷居于此
僰剌蠻　在雲南曲靖府尋甸州昔僰剌蠻居此後烏
蠻新丁奪之
羅落蠻　在雲南北勝州今永北廳唐貞元中南詔異
牟尋始開其地名北方睒徙瀰河白蠻及羅落麽些
實其地號曰劍羌
麽些蠻　在雲南澄江府新興州南昔麽些蠻步雄之
所居地

牛睒蠻　在雲南麗江府鶴慶州蠻名牛睒府城蠻又名三睒

南平蠻　在渝州今四川重慶府綦江南川二縣地北與涪州接按即南詔蠻部落四千餘户山有毒草及沙蝨蝮蛇人並樓居登梯而上號爲干欄其王姓周氏號劒荔王唐貞觀閒入貢以其地隷渝州其人美髮爲椎髻士多男少女爲婚之法女氏必先以貨求男族貧人無以嫁女多賣與婦人爲婢俗皆婦人執役

東謝蠻　在黔州之西數百里今貴州平越州餘慶縣境南蠻別種渠帥姓謝氏即謝元深也世襲其子族不育女自云高姓不可下嫁唐貞觀三年元深入朝冠烏熊皮冠若今之旄頭以金絡額身披毛帔韋皮行縢而着履時中書侍郎顏師古奏言昔周武王天下太平遠國歸順太史乃集其事爲王會篇今萬國來朝至如此輩實可圖寫今請撰王會圖詔從之開其地爲應州隸黔都督府即黔州所管羈縻州也又有南謝首領謝疆與西謝蠻隣接與元深俱來朝

西趙蠻　在雲南雲南府之東東至夷子西至昆明南至西洱河風俗與東謝同在其南並南蠻別種其界山洞深阻莫知里數南北十八日行東西二十三日行趙氏代爲酋長有萬餘户自古不通中國唐貞觀中入朝以其地置明州以首領趙磨爲刺史

梅山蠻　在湖南長沙府安化縣蠻夷傳梅山蠻恃險爲邊患宋神宗命章惇招納之檄諭開梅山得其地籍其民户口丁田置安化縣

環州蠻　在雲南武定州西一百九十里元謀縣宋時

之蠻名也

松外諸蠻　今四川松潘廳唐貞觀末爲寇遣兵從西洱河討之其西洱河從嶲州四千五百里今寧遠府越嶲廳其地有數十百部落大者五六百户小者二三百户無大君長有數十姓以楊李趙董爲名家各擅山川不相役屬自云其先本漢人有城郭封邑弓矢矛鋋言語雖小訛舛大略與中夏同有文字頗解陰陽算術以十二月爲歲首自夜郎滇池以西皆云莊蹻之餘種也其俗有盜竊殺人淫潰之事酋長即

立一長木爲擊鼓警衆共會其下其強盜者衆共殺
之若賊富強但燒其屋奪其田産而已

巫蠻　在四川夔州府巫山縣漢和帝元永十三年巫
蠻許聖等以郡收稅不均反叛發荆州諸郡兵討
破之後悉徙置江夏靈帝光和三年江夏蠻復叛寇
累年廬江太守擊破之皆廩君之裔也按廩君始生
自武落鍾離山即夷陵屬邑之地今湖北宜昌府後
散居巴梁間即古荆梁之境五姓襍居大約今爲巴
峽巫夔四郡皆是也

和夷

在四川雅州府榮經縣禹貢和夷底績和夷和上夷所居之地即和川水在縣北九十里蔡傳以夷爲嚴道以西之夷道非是書說云嚴道以西地名和川夷人所居乃爲得之嚴道即榮經

濮夷

在嶲州今四川寧遠府越嶲廳九州要記在郡界千里常居木上作屋有尾長二寸若損尾立死若欲地上居則預鑿穴以安尾

文夷

在四川寧遠府境按九州要記嶲州西夷人身青而有文如龍鱗生于臂脛之間將婚會于路歌謠

感合以爲夫婦焉又有穿鼻儋耳種瘴氣有聲着八
人死着木木折號曰鬼巢

閩夷　今福建福州府閩縣開元錄閩縣越州地即古
東甌今建州亦其地皆夷種有五姓謂林黄是其裔
十道志嗜欲衣服别是一種

獠夷　在康州瀧水縣今廣東肇慶府德慶州南越志
有夫阮縣其俗栅居實爲里之㞧落也民夷曰獠夷
也夫阮今羅定州

孤夷　在藤州鐔津縣今廣西梧州府藤縣郡國志孤

夷獸名也有兩牙長二寸餘食人性喜人掌蹠得人即懸之室內當面鋪坐擊鐘鼓歌舞飲酒稍割而啖之方于農時獵人以祀田神

化州夷 今廣東高州府化州夷俗悉是椎髻左衽漢書云荆人鬼話

蘓祁夷 在嶲州蘓祁縣今四川寧遠府西昌蘓祁夷名也後周武帝開越嶲復于郡舊城立蘓祁縣以蘓祁之夷爲邑名

西屠夷 在交趾今隸安南馬援開漢南境于交趾南

海行三千里置日南郡其林邑國即日南郡之象林縣去郡四百餘里其南水步道二千餘里有西屠夷亦稱王即馬援所置兩銅柱表漢界處援既北還留十餘户于銅柱處至隋有三百餘户悉姓馬土人以爲流寓號曰馬留人銅柱尋沒馬留人嘗識其處

昆明夷　在嶲州昆明縣南今四川寧遠府塩源蓋唐以南接昆明之夷因以名縣

木耳夷　在嶲州今四川寧遠府越嶲廳有木耳夷死則積薪燒之烟正則大殺牛羊相賀以作樂若遇風

烟旁散則大悲哭

越巵夷　在太平軍石康縣今廣東廉州府合浦夷人號越巵多採珠及甲香爲業親戚宴會即以匏笙銅鼓爲樂

容州夷　今廣西梧州府容縣十道志夷多夏少鼻飲跣足好吹葫蘆笙擊銅鼓習射事弓弩郡國志此地多瘴氣春曰青草夏曰黃茆

藤州夷　今廣西梧州府藤縣郡國志夷人死往往化爲貙貙少虎也其初穴棺如鼠漸如狗大並是人肝

所化也

烏滸夷　在廣西桂林府陽朔縣郡國志在深山洞內能織文布以射翠取羽割蚌取珠爲業無親戚重寶貨賣子以接衣食若有賓客易子而烹之竹皇之裔竹皇者女子浣衣水次有三節竹入足間推之不去中有聲破之得一男養之有材武遂雄諸夷地今寧州始與三狼烏滸即其裔也又鬱林州亦有之漢谷永爲鬱林太守降烏滸人十萬開置七縣此鬱林縣也在鬱江之西

欝林夷　今廣西欝林州夷人居山谷食用手摶酒名都林合糟共飲夜泊瀰淊死則打鼓助哀孝子尤恐悲泣刻木契焉

黨峒夷　在廢黨州今廣西欝林有古黨峒夷人索婦必令媒引女家自送相見後即放女歸家任其野合胎後方還前生之子例非己孕女以烏色相間為裙用緋點裳下或要領處為冶艷男椎髻女散髪跣足吹笙巢居夜泊

雲南夷　雲南舊志諸處之夷種類非一曰僰人曰爨

人即羅羅有黑白二種曰麼些曰禿老曰些門口滿人曰和泥蠻曰百夷又有小百夷曰土獠曰羅舞曰撒摩都曰摩察曰濃人曰山後人曰哀牢人曰蛾昌蠻曰僰蠻曰魁羅蠻曰傳尋蠻大抵滇南之夷皆此數種其習俗各不相同

貴州夷

貴州舊志貴州所轄夷人種類非一曰羅人曰宋家曰蔡家曰仲家曰龍家曰曾竹龍家曰打牙犵狫曰紅犵狫曰花犵狫曰東苗曰西苗曰紫薑苗曰賣爺苗習俗各異

維西夷　在雲南麗江府今設維西通判按滇夷種多而俗異性殊攏衣柔狡沙人剛戾玀玀愚痴㺜子善記仇數世猶報各居巖穴能涉險或刀耕火耨或射獵爲食皆難以禮法繩惟麗郡中甸維西之把猓猓猓模猓剽悍奉喇嘛其親死必延喇嘛問之名刀把或寮媽向屍誦經咒刀把謂死者無罪則懸屍山樹之極巔以風日天葬謂有罪則籠屍沉諸江曰水葬或剖屍飼禽獸而火其骨截脛骨作筒吹之曰火葬者皆梵書捨身餵鷹虎之說也然各種多食生且有

暾生蛇者男女皆佩刀習鏢弩好鬥輕生服飾詭異難以筆罄自設流官有觝守管學宣能化導萑殘骸之俗偉哉我

朝宏化之遠也